SAPIENS CONTRA SAPIENS

PASCAL PICQ

SAPIENS CONTRA SAPIENS

Tradução de JULIA DA ROSA SIMÕES

Texto de acordo com a nova ortografia.
Título original: Sapiens face à Sapiens

Capa: Ivan Pinheiro Machado
Tradução: Julia da Rosa Simões
Preparação: Patrícia Yurgel
Revisão: Nanashara Behle

CIP-Brasil. Catalogação na publicação
Sindicato Nacional dos Editores de Livros, RJ

P666s

    Picq, Pascal, 1954-
        Sapiens contra Sapiens / Pascal Picq; tradução Julia da Rosa Simões. – 1. ed. – Porto Alegre [RS]: L&PM, 2023.
        232 p. ; 23 cm.

    Tradução de: *Sapiens face à Sapiens*
    ISBN 978-65-5666-373-9

    1. Antropologia filosófica. 2. Homem - Origem. 3. Evolução humana. I. Simões, Julia da Rosa. II. Título.

23-83880   CDD: 599.9
                       CDU: 572

Meri Gleice Rodrigues de Souza - Bibliotecária - CRB-7/6439

© Editions Flammarion, Paris, 2019

Todos os direitos desta edição reservados a L&PM Editores
Rua Comendador Coruja, 314, loja 9 – Floresta – 90.220-180
Porto Alegre – RS – Brasil / Fone: 51.3225.5777
Pedidos & Depto. Comercial: vendas@lpm.com.br
Fale conosco: info@lpm.com.br
www.lpm.com.br

Impresso no Brasil
Inverno de 2023

Para Christine

Sumário

Apresentação / 9

Preâmbulo – As fronteiras do *Homo* / 15

O que são os homens / 33
Três impérios humanos / 93
O homem moderno, esse migrante / 127
A grande transição / 159
A axialização do mundo / 187

Conclusão – Uma revolução antropológica / 215

Apresentação

Num livro anterior, *Premiers Hommes* [Primeiros homens], adotei uma perspectiva bastante incomum para explicar a história natural da linhagem humana. Em vez de começar pelo fim – nossa espécie atual, *Homo sapiens* – e seguir o caminho da evolução de trás para frente, parti das origens dos primeiros homens que viveram no coração das florestas do período Terciário e da idade de ouro dos grandes símios ou hominoides, nossos ancestrais, grupo ao qual ainda pertencemos, junto com chimpanzés, gorilas e orangotangos. Em outras palavras, comecei pelo mundo arborícola e pela base de nossa árvore filogenética para chegar aos primeiros homens.

O uso do plural surpreendia por duas razões. A primeira, cultural, estava ligada ao dogma do Homem à imagem de um criador ou de um casal original. A segunda resultava de nossa situação atual: visto que hoje somos uma única espécie humana na Terra, era difícil imaginar a existência de várias espécies concomitantes no passado, principalmente depois da emergência do gênero *Homo* na África, entre 3 e 2 milhões de anos atrás. Mas a humanidade havia sido diversa em seus primórdios, levando a uma pergunta fundamental: quem foram os primeiros homens? Pois, embora a resposta, hoje, seja óbvia (quando nos comparamos a nossos primos mais próximos, os grandes símios), ela não era nada clara no passado, sobretudo à luz do conhecimento de características por muito tempo consideradas exclusivamente humanas e já comprovadas nos grandes símios de hoje e nos australopitecos de ontem – uso de ferramentas, comportamentos sociais e capacidades cognitivas.

Nossa linhagem se tornou "humana" inventando a coevolução entre a biologia e os meios tecnoculturais, o que chamo de segunda coevolução. A primeira descreve como coevoluímos com os outros organismos vivos e com o gênero *Homo*, ambos influenciando e moldando um tipo completamente diferente de evolução. Com ela, as espécies humanas aumentam sua "potência ecológica", diversificando-se e instalando-se em todos os ecossistemas do Velho Mundo (África, Ásia, Europa).

Assim, há apenas 40 mil anos, várias espécies humanas coabitavam: os sapiens (*Homo sapiens*), os neandertais (*Homo neanderthalensis*), os denisovanos, os pequenos homens de Flores e, recentemente descobertos, os de Luzon (ou Luçon). Então por que somos uma espécie única hoje? Essa é uma situação inaudita. A bem da verdade, o único problema que as outras espécies tiveram esteve ligado à expansão do *Homo sapiens*. Em que sentido? É difícil mencionar um único fator, biológico ou cultural. Mas é inegável que os homens modernos, nossa espécie, inventaram novas técnicas, novas organizações sociais e novas representações de mundo – atestadas pela explosão de expressões simbólicas, como a arte –, que, com o passar dos milênios, permitiram que eles se estabelecessem em todo o Velho Mundo e nos Novos Mundos, onde nenhuma espécie jamais havia pisado. Há 30 mil anos a Terra é exclusivamente sapiens.

Os fatores da evolução continuam moldando nossa espécie – é o que nossas pesquisas seguem descobrindo. Eu deveria dizer redescobrindo. Na verdade, desde o Renascimento, o grande objetivo do humanismo é melhorar a condição do homem, ideia reforçada pelo movimento das Luzes e, mais tarde, pela ideologia de progresso. Pensávamos ter realizado esse projeto na segunda metade do século XX, graças a melhoras nunca antes conhecidas pela humanidade: expectativa de vida, saúde, educação, cultura, conforto, urbanização etc., fatores positivos que alimentaram a ilusão de que, graças à cultura, à ciência e à técnica, a humanidade havia se emancipado de todas as pressões da evolução.

Apresentação

Para Julian Huxley (1887-1975), grande biólogo e primeiro secretário-geral da Unesco, e segundo o programa dessa organização, graças às ciências, à cultura e à educação, as sociedades humanas mais desenvolvidas expressaram as potencialidades legadas por nossa evolução, jamais alcançadas até então: falava-se em transumanismo inicial. Hoje, porém, um novo transumanismo postula que, se a humanidade chegou a seu pináculo, então ela deve recorrer ao "solucionismo" tecnológico para superar a condição natural, ou seja, para livrar-se da evolução.

Mas não. O que somos depende justamente das escolhas culturais e técnicas de nossos ancestrais – como a alimentação – e de nossos modos de vida contemporâneos. A chamada microbiota – os milhares de microrganismos que vivem em nosso corpo e em nossa pele – interfere em nossa fisiologia e nossas capacidades cognitivas. Portanto, a biologia evolucionista continua em ação. A ela devemos somar as modificações de nossos ambientes naturais (biodiversidades), urbanos e climáticos.

Hoje, embora a espécie humana e sapiens não corra perigo, uma parte crescente das populações humanas "desanda" em todo o mundo: podemos ver isso na saúde, na expectativa de vida, na libido, nas capacidades cognitivas, na fecundidade... Uma *má evolução* cada vez mais dramática.

Embora a medicina, associada à biologia evolucionista, alcance progressos inéditos desde a Segunda Guerra Mundial, corremos o risco de perder a batalha contra as bactérias. O mau uso dos antibióticos, combinado a fluxos de nível mundial, favorece, por meio da seleção, o surgimento de superbactérias contra as quais não dispomos de resposta (como as infecções hospitalares). Os mecanismos da evolução seguem operantes, e se devem a nossos comportamentos. Pequenos arranhões do dia a dia, que há meio século eram banais, correm o risco de voltar a ser mortais. Toda evolução é um compromisso, e quanto maior o crescimento demográfico de uma espécie, mais seu ambiente é modificado; ela precisa, portanto, adaptar-se às consequências dessa modificação. Desde que nasci, a população humana triplicou e envelheceu. As consequências desse fenômeno são a destruição dos ecossistemas, o distúrbio climático e a urbanização massiva. As consequências dessas consequências apenas começam a se tornar visíveis, mas já entramos numa fase crítica da evolução humana, que se manifesta em profundas transformações antropológicas.

Um novo tipo de problema surge de nossa relação com as máquinas. A revolução digital e a interconexão das redes modificam profundamente todos os aspectos de nossas vidas. Somos ameaçados pelo que chamo de "síndrome do planeta dos macacos". Além das ameaças que essas novidades fazem pesar sobre nossas liberdades individuais, grande é a tentação de deixar-se levar para o que é mais fácil e confortável, uma servidão voluntária e deletéria que extingue tudo o que fez a força da linhagem humana nos últimos 2 milhões de anos: relações sociais, culturais, atividade física e sexual, mobilidade...

No entanto, entre uma humanidade escrava das tecnologias e uma humanidade pós-humana remodelada pelas tecnologias, deve ser possível imaginar uma humanidade aumentada, favorecida por uma nova coevolução entre humanos, natureza e máquinas.

O *Homo sapiens* poderia desaparecer, então? Sem dúvida, como todas as outras espécies que desapareceram. A questão é saber quando e como. Do ponto de vista darwinista, nossa espécie vai bem; ela nunca foi tão numerosa e diversificada. É um trunfo considerável. Qualquer que seja a amplitude de uma possível crise sanitária ou ambiental, algumas populações sobreviverão. Se estas forem, por exemplo, de tamanho pequeno, elas se transformarão em uma ou várias novas espécies, por deriva genética e de acordo com a natureza de seu isolamento geográfico, a exemplo das espécies das Ilhas da Sonda, descobertas recentemente, como os homens e as mulheres de Flores e Luzon. Outra consequência raramente mencionada: a previsão de um colapso demográfico em 2050, com uma estimativa

Apresentação

de 10 bilhões de seres humanos. A humanidade está em condições de assegurar sua descendência?

Este ensaio pretende vislumbrar *quem* será o último homem. Podemos imaginar as gerações futuras reunidas em torno de um novo projeto humanista universal, como o movimento das Luzes, dando seguimento à evolução pelos milênios vindouros, ou veremos o surgimento de uma humanidade completamente diferente?

Preâmbulo
As fronteiras do *Homo*

Nos últimos vinte anos, embora tudo que se refira à evolução da linhagem humana pareça ter raízes na África (como as origens da família de grandes símios bípedes a que pertencemos – os hominídeos – ou as origens de nossa própria espécie *Homo sapiens*), as dúvidas se somam e abalam todas as certezas a respeito das origens dos primeiros homens, o gênero *Homo*. Em outras palavras, entre a emergência dos hominídeos (de 7 a 5 milhões de anos atrás), e da espécie *Homo sapiens* (de 500 mil a 300 mil anos atrás, na África), o surgimento dos primeiros homens nesse mesmo continente (de 3 a 2 milhões de anos atrás) deixou de ser uma certeza. Por quê? Devido à presença de fósseis "humanos" ou quase humanos espalhados pela África, mas também na Ásia, por volta de 2 milhões de anos atrás.

Antes de prosseguir, precisamos entender de que modo um novo processo evolutivo pode ter iniciado com o surgimento dos verdadeiros homens, os *Homo erectus*, decorrente da coevolução entre biologia e cultura, e como – o foco deste ensaio – esse processo em curso adquire considerável amplitude com a espécie *Homo sapiens* e suas invenções técnicas e culturais, inclusive no âmbito da atual revolução digital, positiva para os transumanistas e negativa para os tecnocéticos... Como pano de fundo, pesando sobre a humanidade, vemos a ameaça das pressões da natureza e o impacto desta sobre nossa espécie por meio dos vários castigos que lhe são infligidos. A humanidade será capaz de se emancipar?

Antes dos primeiros homens

Entre o surgimento dos hominídeos mais antigos, como o *Sahelanthropus tchadensis*, ou Toumai, no Chade, o *Orrorin tugenensis*, no Quênia, e o *Ardipithecus kadabba*, na Etiópia – todos africanos e com idade entre 7 e 5 milhões de anos –, e os últimos australopitecos, há cerca de 2 milhões de anos, tudo acontece na África. Até o momento, nenhum fóssil não aparentado ao gênero humano, *Homo*, foi descoberto fora desse continente. A introdução e o primeiro capítulo da história da linhagem humana – os australopitecos em sentido amplo – acontecem no continente africano.

Embora essa pareça uma verdade firmemente estabelecida no atual estágio dos conhecimentos, houve um tempo, como nos anos 1970, em que se cogitava a presença de australopitecos na Ásia. Hoje sabemos que os diversos fósseis de grandes símios asiáticos pertencem à linhagem dos orangotangos. Os ancestrais dos grandes símios atuais circulavam pela África, pela Europa e pela Ásia entre 16 e 17 milhões de anos, logo antes do aparecimento de nossa linhagem de hominídeos na África, por volta de 7 a 5 milhões de anos, o que leva a várias hipóteses opostas.

Esse passeio pela idade de ouro dos grandes símios hominoides do Mioceno Médio recebeu o nome de "bilhete de ida e volta": eles surgiram na África, há cerca de 20 milhões de anos, se espalharam pela África e para fora da África, entre 16 e 7 milhões de anos, até desaparecerem da Europa e declinarem na Ásia, enquanto nossa linhagem africana se disseminava com a erradicação dos australopitecos e, mais tarde, do gênero *Homo*.

Nossa árvore genealógica ou filogenética se estende por 20 milhões de anos, portanto, com raízes na África e grandes ramos que se disseminam por três continentes – alguns ainda não são conhecidos e outros desapareceram ao sabor das mudanças climáticas. Ao contrário das narrativas fantasiosas e centradas na crença do inelutável advento do Homem – com H maiúsculo –, chamado de maneira tão corrente quanto errônea de hominização, a história evolutiva dos grandes símios, que inclui a de nossa linhagem, inscreve-se num contexto geral de declínio em termos de diversidade específica e de expansão dos símios com rabo, ou cercopitecídeos, como os babuínos da África e os macacos da Ásia.

É nesse contexto geral que devemos entender as adaptações dos grandes símios de hoje e, mais especificamente, o sucesso relativo de nossa linhagem, que apresenta grande estatura corporal, repertórios locomotores generalizados, como a bipedia, regimes alimentares onívoros, longos períodos de vida, uso e fabricação de ferramentas, vidas sociais complexas com tradições e culturas.

Depois dos primeiros hominídeos – como *Sahelanthropus*, *Orrorin* e *Ardipithecus* – surgem os australopitecos. O ramo principal se desenvolve entre 4 e 2 milhões de anos atrás, na zona geográfica que forma um grande arco em torno do que resta da atual floresta tropical africana, correspondente à distribuição das diferentes espécies de babuínos de hoje. Na época, os desertos e as savanas que conhecemos eram mais verdes e mais arborizados, e abrigavam uma biodiversidade muito mais rica em mamíferos, sobretudo de grande porte. Essa riqueza se expressava na diversidade dos grandes predadores, topo das pirâmides ecológicas. Onde hoje encontramos leões, panteras, guepardos, hienas e mabecos, havia entre seus respectivos ancestrais um número duas ou quatro vezes maior de representantes, com espécies gigantes de leopardos e leões. Foi a última era de ouro dos mamíferos de grande porte, as megafaunas. O mesmo pode ser dito de todos os outros níveis da pirâmide ecológica, elefantes, facoqueros, antílopes etc. E também dos australopitecos, dos quais conhecemos nada menos que seis espécies, subdivididas em vários gêneros: *Australopithecus*, *Kenyanthropus*, *Paranthropus*, até que sejam feitas novas descobertas.

Ao que tudo indica, ainda não exploramos toda a diversidade de nossos ancestrais africanos. Prova disso é o anúncio da descoberta de um novo tipo de hominídeo contemporâneo aos australopitecos na Etiópia, país de Lucy, em meados de 2019.

Os babuínos de hoje, com sua diversidade, permitem uma analogia pertinente, pois eles ocupam mais ou menos a mesma zona geográfica dos australopitecos de ontem, e também de algumas espécies florestais, como os drils e os mandrils das florestas úmidas do oeste africano. Terão existido australopitecos, ainda desconhecidos, que viveram em regiões densamente arborizadas? Não sabemos, pois esse tipo de habitat não apresenta condições favoráveis à fossilização, o que explica por que muitos ramos da ampla família dos grandes símios do Mioceno Médio são pouco documentados.

Entre os australopitecos descobertos recentemente e mais próximos dos primeiros homens constam o *Australopithecus sediba*, na África Austral, e o *Australopithecus deyiremeda*, na África Oriental. Qual deles seria ancestral dos primeiros homens? Várias hipóteses conflitantes se apresentam, com uma única certeza: os mais antigos fósseis considerados próximos das origens do gênero *Homo* de fato surgiram entre os australopitecos africanos, entre 3 e 2 milhões de anos atrás.

Para uma melhor compreensão da adaptação dos primeiros homens, devemos lembrar a dos australopitecos. Seu tamanho corporal variava de menos de 1 a 1,30 metro, para um peso de 30 a 60 quilos. Eles eram maiores que os chimpanzés de hoje, graças a pernas mais compridas, com massas corporais comparáveis. Ainda em comparação aos chimpanzés atuais, que não são nossos ancestrais, mas as espécies mais próximas de nós hoje em dia, seus cérebros eram um pouco maiores, entre 350 e 550 centímetros cúbicos, com uma organização das zonas cerebrais mais próxima da dos primeiros homens, bem como uma assimetria consideravelmente mais marcada entre os dois hemisférios. Isso revela uma capacidade de comunicação mais elaborada – sem se falar em linguagem – e mais destreza. Eles certamente viviam em sociedades multifêmeas/multimachos, com machos aparentados, característica da família dos hominídeos e dos grandes símios atuais que não encontramos em outras linhagens de símios ou nos mamíferos em geral. Adaptados à vida nas savanas arborizadas, os australopitecos exploravam territórios ou áreas vitais extensas. Para isso, cada comunidade se organizava em subgrupos de afinidade filial e/ou amical, dividindo-se e reunindo-se segundo a abundância dos alimentos e de suas vidas sociais; as chamadas sociedades de fusão/fissão. Seus modos de deslocamento passavam por bipedias mais ou menos desenvolvidas no solo, suspensão pelos braços e escaladas verticais em árvores. Com tronco alongado, cintura pouco marcada, pernas curtas e arqueadas que repousam sobre pés grandes de dedos compridos, sendo o primeiro afastado, braços igualmente muito compridos com mãos grandes de falanges curvas, seus repertórios locomotores combinavam diferentes capacidades: caminhar entre as árvores e subir nelas para pegar frutas ou folhas e para proteger-se ou dormir. Eles fabricavam ninhos novos todas as noites, como os grandes símios de hoje? É muito provável, pois os símios em geral e os grandes símios em particular dormem muito, em virtude de suas capacidades cognitivas e sociais, necessitando de lugares de descanso ao abrigo dos predadores.

Os regimes alimentares dos australopitecos eram do tipo vegetariano-onívoro. Durante as estações úmidas, eles procuravam frutas, brotos, bagas, leguminosas macias etc. Durante as estações secas, buscavam nozes, leguminosas secas e as partes subterrâneas das plantas: tubérculos, raízes, cebolas, bulbos e rizomas. Esses alimentos, de boa qualidade nutritiva, necessitam de esforços físicos para ser coletados e uma preparação fora da boca, sobretudo com ferramentas, e muita mastigação. Os australopitecos se distinguiam por apresentar pré-molares e molares muito grandes, cobertos por um esmalte muito espesso, e mandíbulas muito potentes. De todos os símios e grandes símios conhecidos, atuais ou fósseis, eles tinham o aparelho mastigador mais potente. Os alimentos que compunham seu regime variavam com as estações e, quando possível, eles comiam insetos e caçavam pequenos mamíferos.

Eles utilizavam bastões para cavar – de madeira ou osso – e desenterravam as partes subterrâneas das plantas, o que lhes conferia uma vantagem ecológica considerável sobre os concorrentes, como os ancestrais dos babuínos, facoqueros e outros. Eles utilizavam e fabricavam instrumentos de pedra. Faz pouco tempo que sabemos que a idade da pedra talhada remonta a no mínimo 3,5 milhões de anos. Ao contrário do clichê que associa as ferramentas de pedra à carne e à caça, elas eram utilizadas sobretudo para lidar com as matérias-primas vegetais: desenterrar, moer, descascar e, talvez, cortar. A função cortar é certamente uma invenção dos hominídeos. Embora os chimpanzés atuais utilizem bastões e às vezes pedras para quebrar nozes – bigornas e martelos –, nunca foram vistos cortando vegetais e menos ainda carne, embora cacem e gostem de carne. Eles também usam gravetos para pescar cupins e formigas. Essas práticas não são observadas em todas as populações de chimpanzés; elas são uma cultura e uma tradição. É graças a estudos sobre os chimpanzés atuais, principalmente na floresta de Tai, na Costa do Marfim, que compreendemos que pedras grandes (bigornas) e pedras menores (martelos) eram utilizadas pelos australopitecos para quebrar nozes. Por outro lado, os chimpanzés nunca foram observados utilizando bastões para vasculhar o solo, ou pedras talhadas para lidar com alimentos que não fossem nozes, e menos ainda para cortá-los. Os australopitecos tinham um leque mais amplo de usos de ferramentas, relacionados à diversidade de seus recursos, o que corresponde à anatomia das mãos, mais adaptadas à manipulação, e à destreza associada às assimetrias cerebrais.

Esse quadro geral dos australopitecos abrange uma grande variedade de combinações, seja nos repertórios locomotores, em bipedias mais ou menos firmes, seja nos tamanhos das mandíbulas e dos cérebros ou nos regimes alimentares. Trata-se de uma evolução em mosaico, a exemplo do mosaico de habitats que eles ocupavam nas savanas arborizadas.

Foi a partir dessa base adaptativa que surgiram os primeiros homens na África, como mostrei com mais detalhe em *Premiers hommes*. Eles se revelam muito "humanos" segundo os cânones clássicos próprios ao Homem – uso de ferramentas, caça, consumo de carne ou características sociais e cognitivas. Isso também explica por que se torna cada vez mais difícil determinar quem de fato foram os primeiros homens.

A questão dos "primeiros homens"

Esse grupo fóssil está sempre alimentando discussões científicas em torno da seguinte questão: quem foram os "primeiros homens", entre aspas – aspas que abrem com os australopitecos e fecham com os *Homo erectus*, homens inegáveis.

Depois do anúncio, em 1964, da descoberta do primeiro fóssil humano de *Homo habilis*, em Olduvai, na Tanzânia, com 1,8 milhão de anos, nenhum outro intermediário foi encontrado. Outros fósseis surgiram desde então, mas não simplificaram a situação, pelo contrário. Na África Oriental, além dos *Homo habilis* foram encontrados os *Homo rudolfensis*, e, na África Austral, os *Homo gautengensis*. Nomeá-los é uma coisa, definir os fósseis atribuídos a esta ou aquela "espécie" é outra. O caso dos australopitecos parece muito mais simples – de certo modo, pois um fato novo se soma a essa diversidade: eles não viveram apenas na África. Foram encontrados também em Dmanisi, na Geórgia, às portas da Europa e da Ásia, datados de 1,8 milhão de anos, e deixaram vestígios arqueológicos até a China, menos na Europa. Eles saíram da África!

* * *

O *Homo naledi*

Em 2015, meio século depois da descoberta do *Homo habilis*, os paleantropólogos se reuniram na Tanzânia para tentar definir quem foi o primeiro homem. Como se a situação já não fosse suficientemente complicada, o pesquisador Lee Berger, da África do Sul, apresentou uma descoberta estrondosa da África Austral: o *Homo naledi*. De certo modo, e por suas características anatômicas, esse fóssil representa uma transição do *Australopithecus sediba*, encontrado na mesma região, apresentado pelo mesmo pesquisador como muito próximo dos primeiros homens.

A entrada do *Homo naledi* na cena paleantropológica foi ainda mais estrondosa por se tratar da descoberta de uma população de quinze indivíduos, de ambos os sexos e de idades variadas, numa cavidade subterrânea de acesso muito difícil e, ao que parece, lá colocada intencionalmente. Esta seria a mais antiga "câmara-ardente" da paleantropologia, com uma idade estimada em 2 milhões de anos?

Mais tarde, o *Homo naledi* foi consideravelmente rejuvenescido: os métodos de datação lhe atribuíram uma idade de 300 mil anos. De contemporâneo dos últimos australopitecos e dos primeiros homens, ele passou a contemporâneo dos últimos homens. No entanto, em ambos os casos, sua incongruência permanece.

Ele difere dos australopitecos por uma combinação tão original quanto inesperada de características. Primeiro, por uma grande estatura corporal, em torno de 1,50 metro, devido a longas pernas muito humanas. A anatomia é a de um excelente caminhador. No entanto, embora a parte inferior da bacia combine com uma bipedia eficaz, a parte superior e o tronco, bem como ombros, braços e mãos, conservam habilidades arborícolas, como nos australopitecos. O crânio, os dentes, as mandíbulas e a face lembram os dos homens, enquanto a caixa craniana abriga um cérebro de tamanho pequeno, em torno de 500 centímetros cúbicos. Portanto, se ele for um representante do gênero *Homo* e contemporâneo de outros homens incontestáveis com bipedias exclusivas e cérebros no mínimo três vezes maiores, como explicar características tão arcaicas? Se tivesse sido contemporâneo dos últimos australopitecos, ele teria sido extremamente humano por suas pernas, mandíbulas e dentes. Hoje datado em 300 mil anos, ele parece muito arcaico por seu tronco, braços e tamanho do cérebro. Alguns fósseis, portanto, não cabem num esquema geral da evolução da linhagem humana. Mais tarde, proporemos algumas hipóteses a respeito das adaptações do *Homo naledi*.

* * *

O aquecimento climático que se manifestou em torno de 2,5 milhões de anos favoreceu a expansão das savanas arborizadas na África e no sul da Eurásia. Existe uma continuidade ecológica entre a África Austral e o sul da China Meridional, passando pela África Oriental, pelo Oriente Próximo e pela franja meridional da Eurásia. Essa mudança ambiental ofereceu oportunidades adaptativas aos hominídeos e a seus concorrentes, como os babuínos. A partir da base dos australopitecos esboçada acima, duas grandes linhagens de nossa família dão início a suas respectivas divergências ecológicas.

Uma se orienta para regimes alimentares que incluem um número cada vez maior de vegetais duros: são os australopitecos robustos, ou *Paranthropus*. A outra incorpora à sua dieta uma proporção cada vez maior de carnes, de caça ou carniça. Com a estabilização do fenômeno das monções e das diferenças entre as estações seca e úmida, as plantas com reservas subterrâneas se diversificam. (O mesmo acontece com as gramíneas e a disseminação dos mamíferos "comedores de grama".) Durante as estações secas, duas opções se oferecem aos descendentes dos australopitecos: comer mais alimentos vegetais como nozes e leguminosas, protegidos do dessecamento por exocarpos ou profundamente enterrados no solo, ou comer carne. Várias linhagens de australopitecos desaparecem, outras divergem, como os *Paranthropus* – a exemplo dos descendentes de Lucy, ou *Australopithecus afarensis* –, outras levam aos "primeiros homens". É o princípio de divergência ecológica.

Embora tenham sido apresentados como extremamente humanos, sobretudo o *Homo habilis*, trabalhos recentes descrevem um mosaico de características, como a conservação de habilidades arborícolas, o que surpreende menos depois que conhecemos a anatomia do *Homo naledi*. Em sua aparência geral, esses primeiros homens apresentam bipedias mais evoluídas do que os australopitecos. As reminiscências arborícolas se manifestam na proporção entre os membros, pois os braços ainda são relativamente compridos em relação às pernas, quando comparados aos dos verdadeiros homens. Por outro lado, as pernas são menos curtas do que descritas até pouco tempo atrás. O que conhecemos de sua bacia também indica uma bipedia mais eficaz. Não é certo que eles tenham tido a capacidade de correr como nós. Tinham uma estatura modesta, variando de 1 metro para os mais gráceis dos *Homo habilis* e 1,50 metro – talvez – entre os *Homo rudolfensis*.

A morfologia do crânio se caracteriza por mandíbulas menos robustas e dentes menores do que os dos australopitecos, como os últimos molares. Ainda que tenham faces bastante altas e de estrutura sólida, percebemos o início da tendência à redução do maciço facial, que caracteriza a evolução do gênero *Homo*. Da mesma forma, o tamanho do cérebro, indicado pelo volume da caixa craniana, é maior tanto relativa quanto absolutamente falando. Assim, surgem três tendências peculiares à evolução do gênero *Homo*: bipedia cada vez mais exclusiva no âmbito dos membros inferiores, junto com a atenuação das características dos membros superiores associadas ao arboricolismo; diminuição do tamanho do aparelho mastigador e dos dentes (exceto dos dentes anteriores, na altura do arco incisivo); aumento do tamanho absoluto e relativo do cérebro, com acentuação das assimetrias entre os dois hemisférios cerebrais relacionados

As fronteiras do *Homo*

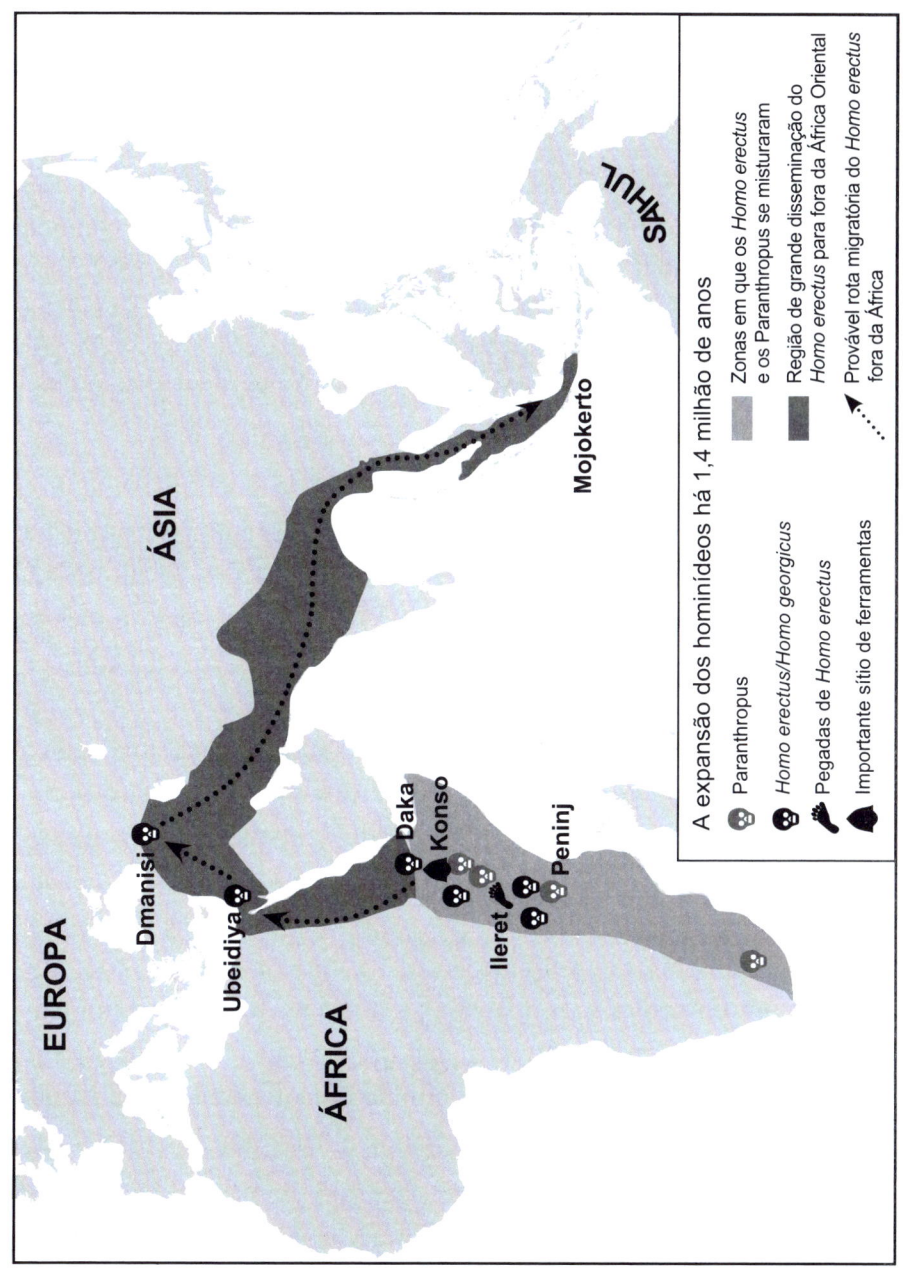

à destreza e ao desenvolvimento das zonas da linguagem. Mas eles são homens, *Homo*, de verdade?

Duas escolas se opõem. Uma afirma que eles são homens de fato, os primeiros representantes do gênero *Homo*. As tendências esboçadas acima seriam as mais antigas manifestações da evolução anatômica do gênero humano. Além disso, havia o fato de que eles consumiam mais carne. E fabricavam novas ferramentas, da chamada cultura de Olduvai. Pedras, como sílex ou blocos de basalto, das quais extraíam lascas muito afiadas por percussão dura – uma pedra era utilizada para bater em outra, e o restante do bloco era usado como triturador. Essas ferramentas, bastante polivalentes, eram utilizadas tanto com matérias-primas vegetais quanto animais. Foram encontradas em sítios de abate. Eles caçavam presas de tamanho pequeno e mediano, mas também exploravam as carcaças dos grandes mamíferos mortos. O consumo de carne era parte de sua adaptação alimentar. Eles não se contentavam em consegui-la de maneira mais ou menos oportunista por meio da caça ou encontrando uma carcaça em seus deslocamentos. Foram os primeiros a sair da África, pois estiveram em Dmanisi, na Geórgia, há 1,8 milhão de anos e, na mesma época, no Sudeste Asiático. Esse conjunto de características anatômicas, culturais e adaptativas constitui um quadro convincente para muitos paleantropólogos, que os consideram representantes do gênero *Homo*.

Outra escola, à qual me filio, não considera esses "primeiros homens" humanos de verdade, como faz com os *Homo erectus*. Por isso o uso das aspas na expressão ou o uso do termo *homens não--erectus* (*non-erectus Homo*, em inglês). Mas não se trata de colocar num grupo tão amplo quanto indefinido tudo o que não é realmente *Homo* – grupo que acabou se tornando a nebulosa dos australopitecos. Há várias linhagens mais ou menos bem identificadas de australopitecos, e mesmo diferentes gêneros de *Australopithecus*, como o *Kenyanthropus*. Além disso, as diferenças entre os australopitecos em sentido amplo e o *Homo* em sentido estrito se baseiam na comparação de dois esqueletos-padrão de fósseis, tão completos quanto raros: Lucy, ou *Australopithecus afarensis*, e *Homo erectus* de Nariokotome, no Quênia, também chamado de Turkana Boy, ou menino de Turkana. De um lado, australopitecos pequenos, de pernas curtas e arqueadas, tronco em forma de sino, braços e mãos muito compridos, rosto vigoroso e cérebro pequeno; do outro, *Homo* de grande estatura e pernas esguias, adaptadas para a resistência e a corrida, tronco em forma de barril, braços e mãos livres de funções locomotoras, rosto menor e cérebro maior. Este último se parece conosco em quase tudo, exceto pela robustez e por uma diferença craniana.

Mas como se deu a passagem dos australopitecos para os homens? Alguns recorrem à chamada teoria do equilíbrio pontuado. A transição teria sido tão rápida que a probabilidade de encontrarmos formas fósseis intermediárias seria muito pequena. Em outras palavras, a ausência de prova não seria prova de ausência. Além do problema epistemológico envolvido nessa teoria, deparamo-nos com o paradoxo do paleantropólogo que, no fim das contas, não precisa procurar por fósseis, pois sua teoria preencheria a lacuna – o que chamo de "paradoxo de Gould", pois o famoso paleontólogo Stephen Jay Gould foi um dos que desenvolveram a teoria do equilíbrio pontuado.

Novas descobertas e reexames dos fósseis atribuídos aos "primeiros homens" permitiram, desde então, a determinação de um grupo bastante diversificado na África e na Eurásia, entre 2,5 milhões e 1,5 milhão de anos atrás. Este se apresenta como um grado evolutivo caracterizado, quando comparado aos australopitecos, por um esqueleto locomotor melhor adaptado à caminhada ereta e pela conservação das habilidades, ainda que atenuadas, do arboricolismo. Os dentes, embora menores, continuam grandes e robustos, como o rosto e seus pilares ósseos. O cérebro é mais desenvolvido tanto em tamanho absoluto quanto relativo, com assimetrias cerebrais mais acentuadas, especialmente nas zonas de linguagem. Entre os australopitecos e os verdadeiros homens, nota-se uma tendência geral para a aquisição de bipedias eficientes e um crescimento do volume cerebral, o que também vale para os *Paranthropus*, ou australopitecos robustos. Nada disso acontece de maneira uniforme, nos fósseis ou nas diferentes partes do esqueleto – é a chamada evolução em mosaico. Em contrapartida, não constatamos um aumento da média do tamanho corporal, apenas grandes variações.

Os "primeiros homens" viviam em savanas mais ou menos arborizadas – paisagem em mosaico – e exploravam grandes áreas vitais. A bipedia e a arqueologia o atestam. Eles se deslocavam para coletar recursos vegetais e animais, mas também para obter pedras de boa qualidade, com as quais construíam ferramentas.

Se esses "primeiros homens" eram mais ativos fisicamente, com um cérebro maior, mas tinham dentes e aparelhos mastigadores menos potentes, sem aumento significativo de tamanho corporal, significa que seu regime alimentar incluía alimentos de melhor qualidade, que necessitavam de menos mastigação e fácil digestão. Ou seja, carne; mas também nozes, frutas e, no caso das plantas mais nutritivas, como leguminosas e subterrâneas – bulbos, raízes, tubérculos, rizomas, cebolas –, com métodos de preparação fora da boca que diminuam a mastigação. As ferramentas da cultura olduvaiense condizem com técnicas e habilidades mais eficazes de coleta e preparação de alimentos, vegetais ou animais, e isso é demonstrado pelas análises microscópicas de vestígios de desgaste nos instrumentos de pedra.

Embora eles tivessem condições de caçar, ainda estamos longe do "homem, esse grande predador", pois suas estaturas modestas não o permitiriam, tanto que eles também constavam no cardápio dos grandes animais. Todos os hominídeos consomem carne, como os chimpanzés de hoje e os australopitecos de ontem. A questão não é comer ou não comer carne, mas saber quando esse recurso participa da adaptação de uma espécie. Os "primeiros homens" parecem ter feito do consumo de carne, obtida por meio da caça ou de carniças

– nesse segundo caso, aparentando-se à coleta –, uma parte de sua adaptação. Mas não é o consumo de um pouco mais de carne que permite explicar todas as características próprias a esses "primeiros homens" em relação aos australopitecos. Na verdade, há todo um conjunto de fatores biológicos, fisiológicos, cognitivos, sociais e, é claro, alimentares.

Do ponto de vista adaptativo, os "primeiros homens" sem dúvida representam a evolução mais exitosa dos hominídeos, expressa em sua expansão pela África e pelo sul da Eurásia. Há uma verdadeira continuidade ecológica numa ampla região geográfica que se estende por África Austral, África Oriental e Central, Oriente Próximo e Médio, e latitudes mais meridionais da Europa Oriental e da Ásia. Num primeiro momento, os "primeiros homens" deixam a África na companhia de suas comunidades ecológicas savanícolas. Depois, seguem sozinhos em sua expansão para o leste, atravessando a Índia e chegando à China. Esses "primeiros homens" usufruem de uma plasticidade ecológica que os torna menos dependentes do mundo das árvores, embora eles se mantenham ligados a habitats de planícies e savanas mais ou menos arborizadas.

Não há a menor dúvida de que esses "primeiros homens" constituem um grado evolutivo distinto dos australopitecos e prenunciam os verdadeiros homens, os *Homo erectus*. Segundo critérios clássicos, eles parecem extremamente humanos – cérebro, assimetrias cerebrais, destreza, ferramentas talhadas, bipedia eficaz, consumo de carne, plasticidade ecológica... –, o que autoriza muitos paleantropólogos a considerá-los verdadeiros *Homo*.

No entanto, a permanência de características arcaicas, como tamanho dos dentes e estatura, parte de cima do corpo e braços associados ao arboricolismo, bem como dependência dos meios savanícolas, moderam essa classificação. Acima de tudo, e esse será o argumento central desta obra, esses "primeiros homens" não estavam engajados na coevolução que associa biologia e cultura. Embora ferramentas, técnicas e culturas façam parte da bagagem dos hominídeos, embora aumentem sua adaptabilidade, externalizando e amplificando as ações do corpo, elas não têm um efeito reversivo de grande amplitude, como acontecerá no caso do *Homo erectus*.

O que são os homens

Para além do significado (e não das incertezas) das características anatômicas e arqueológicas que permitem classificar os fósseis como *Homo*, um novo ponto caracteriza sua adaptação: a coevolução entre a biologia e os ambientes técnico e cultural. O *Homo* se torna o *Homo faber* dos filósofos e começa a transformar o mundo por meio de ações e pensamentos. Ele molda seu próprio nicho ecológico e faz o que nenhum outro gênero jamais pôde fazer: adaptar-se a todos os ecossistemas. Segundo a expressão do etólogo Jacob von Uexküll, "o homem se torna um construtor de mundos", e isso o levará para todos os cantos do globo.

Os homens, as culturas e a coevolução

Há meio século, os paleantropólogos e pré-historiadores concordavam, mais por comodidade do que por convicção, em associar um tipo de homem pré-histórico a um tipo de cultura pré-histórica: *Homo habilis* e cultura olduvaiense; *Homo erectus* e cultura paleolítica inferior, como a acheulense; neandertal ou *Homo neanderthalensis* e cultura paleolítica média, como a musteriense; *Homo sapiens* e cultura paleolítica superior. A máxima "O homem é a ferramenta" era adotada segundo uma sucessão linear e progressiva de hominização. A ferramenta, portanto, era o bilhete de entrada de todo fóssil associado à pedra talhada, como o *Homo habilis*, tão bem nomeado. Esse esquema, apesar de útil por um bom tempo, já não se sustenta há várias décadas, em todo caso não de maneira tão unívoca e, sobretudo, linear e progressista.

Então por que voltar à ideia de associar o gênero *Homo* a suas invenções tecnoculturais?

Há um quarto de século, saímos do esquema literário, hierárquico e progressista que conduzia ao triunfo do *Homo sapiens*. Restou a questão dos neandertais. Na Europa, embora eles estejam associados ao Paleolítico Médio, e os sapiens ao Paleolítico Superior, isso não acontece no Oriente Próximo, onde os dois tipos de fósseis são contemporâneos, no âmbito do Paleolítico Médio. Os neandertais representavam uma outra espécie ou uma subespécie, ou eram uma variedade populacional do *Homo sapiens*? Essa pergunta ocupou os paleantropólogos por muito tempo, dos anos 1980 até o início dos anos 1990.

Ao longo da última década do século XX, o avanço dos conhecimentos em anatomia funcional e a chegada da paleogenética revelaram, uma independentemente da outra, argumentos a favor da ideia de que os neandertais foram outra espécie. O que parece bem estabelecido nos dias de hoje não tinha nada de evidente. Veremos neste capítulo como a questão se complicou com a diversidade de fósseis do fim da pré-história, que revelam a contemporaneidade de diferentes espécies humanas que trocavam genes e ferramentas. Existe uma forte relação entre as espécies fósseis da linhagem humana e seus complexos tecnoculturais, porém dentro de uma concepção radicalmente diferente da que prevalecia antes, uma concepção que favorece a coevolução biocultural.

A ideia de coevolução entre biologia e cultura, ou evolução biocultural, não é recente. A maneira de interpretar os mecanismos coevolucionistas é que mudou. Na concepção linear e progressista, a sucessão das culturas pré-históricas e das espécies fósseis era percebida como uma emancipação dos homens em relação à natureza ou, mais explicitamente, em relação aos mecanismos da evolução, como a seleção natural. Os progressos fulgurantes da medicina e das condições de vida do sapiens ao longo do século XX, como a erradicação das grandes doenças e a drástica redução da mortalidade infantil, confirmavam essa ideia. No entanto, o avanço dos conhecimentos em genética e a evidência de mecanismos epigenéticos demonstraram exatamente o contrário: as escolhas culturais de nossos ancestrais selecionaram nossos genes. Pensávamos que a evolução técnica e cultural – como a medicina – emancipava cada vez mais as populações humanas dos diversos processos de seleção natural – o que é verdade –, mas foi preciso render-se aos fatos: as culturas, por meio de suas características – como as escolhas alimentares –, exercem uma seleção biológica. Com as inovações, as sociedades humanas se emancipam de diversos fatores de seleção natural de seus ancestrais e, ao mesmo tempo, desenvolvem novos fatores bioculturais de seleção.

Existem dois tipos de coevolução, portanto: a coevolução natural e a coevolução biocultural. A primeira descreve as interações entre as espécies de uma comunidade ecológica: relações entre presas e predadores, insetos polinizadores e plantas, plantas e consumidores, múltiplas formas de parasitismo e interdependência etc. A segunda, a coevolução biocultural, é específica ao gênero *Homo* e constitui, portanto, uma característica própria. Não terá escapado à leitora e ao leitor que a adaptação dos "primeiros homens" implicava o uso de ferramentas, sobretudo para a preparação de alimentos: uma consequência possível desse uso foi a redução do tamanho das mandíbulas e dos dentes. Trata-se, então, de coevolução? Mudando de perspectiva, veremos que o uso de ferramentas para coletar e preparar alimentos fora da boca não afeta nem a morfologia nem a fisiologia – e menos ainda a genética – dos chimpanzés atuais ou dos australopitecos. Nestes últimos, pelo contrário, a tendência evolutiva se inscreve na linhagem robusta dos *Paranthropus*, vinda de Lucy (*Australopithecus afarensis*), no sentido da aquisição de dentes e aparelhos mastigadores muito potentes, embora eles utilizassem ferramentas e tivessem uma destreza comparável à dos "primeiros homens". Resta explicar o caso destes últimos.

O reexame dos fósseis atribuídos aos "primeiros homens" revela grandes variações morfológicas entre indivíduos bastante gráceis, de um lado, e indivíduos mais robustos na altura dos dentes e das mandíbulas, do outro. Na verdade, até então havíamos exagerado uma simples amostra em mosaico de algo que seria uma tendência à redução do maciço facial no gênero *Homo*. Em relação a essas características, os "primeiros homens" estavam mais próximos dos australopitecos "gráceis" do que dos verdadeiros homens.

Então a relativa redução do maciço facial se devia a um regime alimentar que incluía alimentos globalmente menos duros e/ou a preparação fora da boca, reduzindo a carga mastigatória? Sabemos que os "primeiros homens" foram confrontados a um processo de divergência ecológica na África, entre 2,5 milhões e 1,5 milhão de anos atrás: de um lado, uma adaptação na direção de regimes alimentares que incluíssem alimentos globalmente menos duros, de melhor qualidade e preparados fora da boca com o auxílio de instrumentos e, do outro, regimes que incorporavam cada vez mais alimentos vegetais duros de boa qualidade nutritiva.

Esse período crítico da evolução da linhagem humana foi marcado, para os "primeiros homens", pelo fim da "fase megadonte" – dentes grandes e sólidos com mandíbulas e músculos mastigadores muito potentes – e, para os *Paranthropus*, por sua exacerbação. Esse dado é útil para compreendermos como as reduções do tamanho dos dentes e da face, características do gênero *Homo*, marcam uma ruptura adaptativa considerável em relação à tendência evolutiva da linhagem humana desde seu surgimento, entre 7 e 5 milhões de anos atrás.

Não é muito fácil evidenciar a influência das práticas culturais sobre a morfologia, ao contrário das "aparências". Tomemos um exemplo contemporâneo: assim como a expectativa de vida para a geração *baby boomer* depois da Segunda Guerra Mundial, a evolução do tamanho corporal não é genética, mas fenotípica. Ela decorre de uma característica adaptativa, a *plasticidade*: nossa espécie, como todas as espécies humanas desde o *Homo erectus*, é capaz de modificar rapidamente sua morfologia – tamanho e forma –, sua fisiologia e suas capacidades cognitivas. Portanto, não houve coevolução entre as mudanças tecnoculturais da segunda metade do século XX e nosso *pool* genético; o que mudou foi a expressão de nossos genes, sem seleção genética.

Ao longo das duas últimas décadas do século XX, as interações entre as práticas tecnoculturais e a morfologia foram objeto de uma longa controvérsia a respeito da condição dos neandertais. Uma escola defendia que as diferenças anatômicas no rosto de neandertais e sapiens se deviam ao uso dos dentes anteriores na preparação dos alimentos e na execução de tarefas culturais – como uma terceira mão, de certo modo. De tanto puxar as mandíbulas, o maciço facial teria deslizado para frente, o que explicaria, por exemplo, o prognatismo e o avanço da arcada dentária inferior em relação ao ramo ascendente da mandíbula (espaço retromolar), o chamado "focinho" neandertal, a saliência óssea acima das órbitas e o alongamento da região occipital da caixa craniana. Em suma, um estiramento global do crânio entre os incisivos e o occipício. Essas características seriam resultado da plasticidade do crânio, deformado por práticas culturais que utilizavam os dentes anteriores (manipulação de peles, tendões e outros materiais, preparação de alimentos) como ferramentas – consideradas menos eficazes (que as dos sapiens). A ideia por trás dessa hipótese era que os neandertais representavam uma subespécie de *Homo sapiens*, deformada por práticas culturais. Sem entrar nos detalhes dessa longa controvérsia, estudos experimentais sobre a biomecânica craniofacial, a paleogenética e uma melhor compreensão das práticas culturais dos neandertais estabeleceram que eles de fato constituíram uma espécie própria, contemporânea dos sapiens.

Perdoem-me por essas considerações técnicas que nos levam a falar dos australopitecos, dos "primeiros homens" e dos homens mais recentes, mas a questão da coevolução biocultural não é simples. Negligenciada em razão de concepções antidarwinistas da evolução da linhagem humana – que teria se emancipado da natureza para se transformar de maneira lamarckiana, graças à crescente influência da cultura –, ela voltou a ser reivindicada por outras razões, como a unicidade do gênero humano, com concepções igualmente errôneas sobre a adaptação. A plasticidade do gênero *Homo* e os fatores epigenéticos foram parte integrante de sua adaptabilidade e fizeram com que a evolução desse gênero muito particular, sem se emancipar dos processos darwinianos, inventasse seus próprios processos bioculturais de seleção. Essa nova fase da evolução começou com o *Homo erectus* e foi continuada pelo *Homo sapiens*.

O surgimento dos verdadeiros homens

O *Homo erectus* surgiu há cerca de 1,8 milhão de anos, na África Oriental. Também foi chamado de *Homo ergaster*. O que ele tem de humano? O que o distingue dos "primeiros homens"? Nesse ponto, é necessário definir as características de nossa espécie atual, *Homo sapiens*, para determinar a posição dos fósseis do *Homo erectus* num ponto entre os "primeiros homens" e nós.

O homem atual, ou moderno, é uma espécie de grande estatura com corpo dedicado à bipedia exclusiva, com pernas compridas e pés curtos. A pelve tem forma de bacia, fechada na frente (púbis) e embaixo (pelve menor). O tronco tem forma de barril, e um espaço importante separa o alto da bacia das costelas flutuantes (a cintura). Os ombros são largos e sobre eles se articulam os braços, bastante compridos, que terminam em mãos curtas e largas. A cabeça é dominada por uma caixa craniana volumosa sobre um rosto alto e curto.

No âmbito dos dentes, o arco incisivo, prolongado pelos caninos, é largo e arredondado. Os dentes pós-caninos, como os pré-molares e molares, são de tamanho modesto. O primeiro molar é maior que o segundo, que é maior que o último. Os sapiens atuais possuem um esqueleto bastante grácil, mesmo no nível craniofacial, o que não vemos nos *Homo sapiens* do fim da pré-história, muito mais robustos, como os demais homens pré-históricos – veremos que essa é uma consequência das invenções das agriculturas.

As diferenças entre mulheres e homens, no que diz respeito ao tamanho do cérebro e do corpo – dimorfismo sexual –, ainda são modestas, com grandes variações, mas ainda assim significativas. Os parâmetros da história de vida – tempo de gestação, desmame, infância, adolescência, maturidade sexual, maturidade somática e expectativa de vida – são muito longos. As mulheres dão à luz um só filhote depois de uma longa gestação, como os grandes símios, mas com duas diferenças consideráveis: o filhote humano nasce relativamente mais cedo. Já se disse que ele é "prematuro" e pouco precoce comparado a seus pequenos primos chimpanzés – e também a orangotangos e gorilas: não é verdade, caso se esteja pensando num bebê prematuro! O filhote humano tem duas particularidades: ele é um bebê muito grande (portanto, não prematuro) e menos precoce porque, comparado aos grandes símios atuais e devido ao tamanho de seu cérebro, o tempo de sua gestação deveria ser – teoricamente – duas vezes maior. Os humanos atuais apresentam várias particularidades em termos de reprodução: uma gestação relativamente mais curta e a capacidade de diminuir o intervalo entre dois nascimentos, capacidade que, nos grandes símios, é de quatro a seis anos. Isso só é possível quando as sociedades humanas organizam certos tipos de co-operação, assistência e cuidados que permitam que as mães procriem de novo, garantindo a sobrevivência e a educação do novo filho e dos anteriores. Essa estratégia é muito rara em matéria de reprodução – e única segundo o que hoje conhecemos das outras espécies sociais de mamíferos, inclusive entre símios e grandes símios –, baseada tanto na qualidade quanto na quantidade e, como veremos, permitiu o povoamento da Terra.

Se admitirmos, como deve ser, que os parâmetros de história de vida dos australopitecos são idênticos aos dos chimpanzés de hoje – fato indicado por todos os estudos, a partir de indícios dentários e ósseos relacionados a esses parâmetros –, a tabela a seguir fornecerá um resumo das profundas transformações da linhagem humana desde os "primeiros homens" até os homens atuais. Observação importante: os dados apresentados abaixo dizem respeito a populações naturais de grandes símios; para nossa espécie, elas são conhecidas para os caçadores-coletores (não para nossas sociedades depois da invenção da agricultura e menos ainda das revoluções industriais). Esses parâmetros diferem para as populações que vivem em zoológicos ou cidades devido ao acesso regular a recursos alimentares, proteção e remédios.

Todas essas características representam um conjunto importante de mudanças. A paleantropologia, ao longo das últimas duas décadas do século XX, tendia para as teorias do equilíbrio pontuado e de um avatar estúpido, o "monstro promissor". Como vimos, pensava-se que as transições evolutivas aconteciam muito rapidamente, por saltos. No plano filogenético, e sem negarmos a existência de formas intermediárias, a probabilidade de encontrarmos fósseis de transição é quase nula. No plano genético, é a ideia de que as mutações podem produzir uma espécie completamente nova a partir de alguns indivíduos abençoados com genes: os monstros promissores.

Outra abordagem vinha dos elementos atribuídos pelos paleantropólogos aos australopitecos e aos verdadeiros homens, representados respectivamente por dois esqueletos emblemáticos, Lucy (AL 288) e Turkana Boy (KMN-ER 15000). As imagens comparativas entre esses dois hominídeos aparecem em todos os bons textos sobre

Tabela comparativa dos parâmetros da história de vida

Espécie	Orangotango *Pongo sp.*	Gorila *Gorilla sp.*	Bonobo *Pan paniscus*	Chimpanzé *Pan troglodytes*	Homem *Homo sapiens*
Longevidade	58,7 anos	54 anos	50 anos	53,4 anos	85 anos
Primeira maternidade	15,5 anos	10 anos	14,2 anos	13,3 anos	19,5 anos
Gestação	260 dias	255 dias	244 dias	225 dias	270 dias
Idade de desmame	7 anos	4,1 anos	?	5,46 anos	2,8 anos
Intervalo entre os nascimentos	8,05 anos	4,4 anos	6,25 anos	5,46 anos	3,69 anos
Última gravidez	>41 anos	<42 anos	?	42 anos	45 anos
Peso das fêmeas	38 kg	95 kg	34 kg	36 kg	46 kg
Erupção de M1	3,5-4,9 anos	3-4 anos	?	2,7-4,1 anos	4,7-7 anos
Erupção de M3	10 anos	8,7-13,1 anos	?	8-14 anos	19,8-20,4 anos
Peso ao nascer				1,3 kg	3,3 kg
Cérebro ao nascer				137 cc	364 cc
Cérebro adulto				384 cc	1.352 cc
Recém-nascido/adulto				36%	27%
Maturidade cerebral				9,3 anos	14,5 anos
Cc bebê					
Peso bebê/adulto					

Notas: a duração das gestações está em dias. A idade de erupção do primeiro molar ou M1 está muito ligada à do desmame nos símios em geral, o que não parece ser o caso entre os grandes símios e os homens. Essa dissociação expressa a plasticidade ontológica dessas espécies, cujos parâmetros da história de vida são muito longos e muito sensíveis aos fatores da evolução. Em contrapartida, a idade de erupção do terceiro molar ou M3 permanece muito ligada à chegada da idade adulta. (Cf. Robson S.L. e Wood B., "Hominin life history: a reconstruction and evolution", *Journal of Anatomy* 212 (14), 394-425, 2008.) Os dados se referem essencialmente a fêmeas e mulheres.

as origens do homem e têm grande força didática. Nessa perspectiva, porém, os "primeiros homens" eram esquecidos.

Felizmente, em paleontologia nunca se deve perder a esperança. Há duas décadas, a descoberta de novos fósseis vem criando um quadro mais completo e diversificado da evolução dos hominídeos entre australopitecos e verdadeiros homens. Em contrapartida, nunca paramos de nos desesperar, não com a genética, mas com os aprendizes de evolucionistas, sempre em busca da característica ou da mutação milagrosa que traga uma "resposta pronta" para o novo hominídeo: o homem. Mutacionismo, "monstro promissor" e outras quimeras são avatares da mão do criador. A evolução, mesmo a humana, nunca é um conto de fadas com toques de magia genética – para grande trabalho dos geneticistas.

Mas como surgiram as características de nossa espécie a partir dos "primeiros homens"? Essas mudanças, longe de serem triviais, têm consequências planetárias – e desde muito antes do que se imagina.

O grado 1 "primeiros homens"

Comparado ao grado anterior, dos australopitecos, os "primeiros homens" se diversificam entre 2,5 milhões e 1,5 milhão de anos, ao longo de um período marcado por um clima globalmente mais seco e ecossistemas de savanas e planícies mais abertos e mais sazonais. Sua expansão começa pela África e, a partir de 2 milhões de anos, pelas franjas meridionais, mais tropicais e temperadas-quentes da Ásia.

Sem aumento notável do tamanho corporal – peso e estatura –, o cérebro aumenta 30%, os incisivos também, enquanto os molares começam a regredir consideravelmente. Isso indica um regime alimentar com preparação mais intensa dos alimentos na altura do arco incisivo e mastigação menos vigorosa, mas sempre importante.

Os vestígios de desgaste dental revelam um regime que incorpora um leque mais amplo de alimentos vegetais e sem dúvida animais.

As proporções entre os braços e as pernas, bem como seu tamanho relativo em relação ao tronco, mudam pouco. O braço parece menos robusto, mas conserva características ligadas ao arboricolismo. Eles se deslocam menos pelas árvores: para escalar e coletar frutas, mas principalmente para se refugiar à noite. Os símios e os grandes símios dormem muito e, nos momentos de sono profundo, precisam se sentir em segurança. Mas não é certo que seus deslocamentos bípedes tenham sido mais eficazes que os dos australopitecos mais recentes. De fato, parece que ao longo desse período todos os hominídeos – os australopitecos mais recentes, os australopitecos robustos ou *Paranthropus* e os "primeiros homens" – passam por uma fase de evolução secular com o alongamento dos membros e a aquisição de um cérebro maior. Por outro lado, há uma forte divergência no que diz respeito à evolução da face entre os *Paranthropus* e os "primeiros homens".

Embora não se tenha certeza de que os primeiros homens se desloquem melhor que os australopitecos, eles se movimentam por territórios ou áreas vitais consideravelmente maiores. A arqueologia mostra que eles faziam expedições para a extração de rochas de boa qualidade, propícias à talha, que transportavam ferramentas e criavam esconderijos para elas. Esses "primeiros homens" inventaram a chamada cultura de Olduvai ou olduvaiense, conhecida por suas ferramentas obtidas por percussão dura – uma pedra é utilizada como martelo para bater um bloco de pedra –, que produz lascas afiadas e trituradores potentes. Outra razão para a maior mobilidade é a busca por carcaças de animais mortos. Os recursos carnívoros por meio da caça e, principalmente, de carniças representam uma parte mais substancial de seus regimes alimentares.

Um cérebro maior e mais atividades requerem mais energia, especialmente para mulheres em fase de gestação ou lactação, para jovens em fase de desenvolvimento cerebral e, de modo geral, para o funcionamento do grupo em diversas atividades. Antes da invenção do fogo, isso significa que os "primeiros homens" têm dietas que exigem um pouco menos de mastigação e um pouco mais de preparação no nível dos incisivos. As ferramentas facilitam a preparação dos alimentos fora da boca, e vestígios de desgaste indicam que eram utilizadas com vegetais e animais. Embora eles ainda não sejam capazes de caçar animais de grande porte, constata-se uma exploração mais frequente de carcaças; ou seja, consumo de carniça. De fato, as competências de coleta e manejo de alimentos vegetais se estendem a outros tipos de recursos alimentícios, as carcaças. Quebrar nozes, abrir vagens de leguminosas, localizar e manipular as partes subterrâneas das plantas são técnicas que facilmente se aplicam ao fracionamento de carcaças e, o que é pouco factível aos predadores, à trituração dos ossos e da caixa craniana para chegar ao tutano e ao cérebro, sempre rico em gordura. Pois, ao contrário de nossos hábitos recentes de consumo de carne, os animais selvagens costumavam fornecer uma carne magra, e isso também explica por que, em nossas culturas, as tripas eram, até pouco tempo, mais valorizadas que a carne. As vísceras também eram muito procuradas – a carne é pouco ou muito mal digerida sem gordura.

 O consumo das partes gordurosas do corpo dos animais devia representar uma parte pequena da alimentação, porém essencial por suas qualidades. Estudos sobre os chimpanzés revelam que um simples aporte suplementar de 5% de frutas estimula a atividade e favorece a fecundidade das fêmeas. Os chimpanzés da floresta de Tai, na Costa do Marfim, representam uma experiência, ainda em curso, de uma população que é obrigada a se adaptar ao desflorestamento, que utiliza mais ferramentas, que é muito móvel, que caça mais e tem capacidades culturais e cognitivas que – mantidas inalteradas todas as outras condições – se comparam às dos "primeiros homens".

Os dados atuais não permitem estabelecer se estes tiveram parâmetros de história de vida mais longos, embora seja muito provável que sim, dada a presença de um cérebro que exige um tempo de gestação superior.

Os "primeiros homens" apresentam uma grande diversidade anatômica condizente com a dispersão geográfica e ao caráter "mosaico" dessa diversidade no tempo e no espaço, que se manifesta por maiores coeficientes de variação de suas características (cf. tabela O grado *Homo*). Num primeiro momento, entre 2,5 e 2 milhões de anos atrás, o grado "primeiros homens" surge e se espalha pela África, depois se dissemina pelas franjas meridionais da Ásia entre 2 milhões e 1,5 milhão de anos. Essa primeira saída da África dos membros de nossa linhagem acontece na companhia de suas comunidades ecológicas, antes da penetração em outras, na direção leste a partir da Índia. Os "primeiros homens" apresentam adaptações biológicas e culturais que permitem a penetração em ecossistemas abertos mas arborizados por muito tempo, visto que eles podem ter acesso a um amplo leque de alimentos vegetais e animais.

Tais adaptações são acompanhadas por mudanças sociais relacionadas às novas atividades de coleta e preparação dos alimentos vegetais e animais, sem dúvida com partilhas e trocas, mas também com o reconhecimento de competências em certos indivíduos do grupo na fabricação de ferramentas e em tarefas específicas. Na época do apogeu do *Homo habilis*, quando ele ainda era considerado *muito* humano, pensávamos que os "primeiros homens" construíam cabanas em torno das quais se organizava uma divisão de tarefas entre mulheres, coletoras de alimentos vegetais, e homens, provedores de carne. Embora até hoje seja difícil estabelecer a divisão sexual das tarefas, não resta dúvida de que a diversidade das atividades seja acompanhada pela presença de indivíduos reconhecidos por suas competências: isso acontece entre os chimpanzés atuais, por exemplo, cujas fêmeas se mostram mais hábeis na fabricação e no uso de ferramentas. Estamos longe da imagem ainda muito comum do macho-caçador-que-fabrica-ferramentas ao lado da fêmea-que-coleta-ocupada-com-a-prole.

Os "primeiros homens" viviam em comunidades de algumas dezenas de indivíduos, em áreas vitais bastante extensas. Eles se dividiam em subgrupos e voltavam a se reunir de acordo com atividades e estações, em função dos recursos disponíveis (sociedades de fusão/fissão). Visto que o tamanho do cérebro está relacionado sobretudo à complexidade das relações sociais – o "cérebro social" –, supomos que suas sociedades tenham sido mais complexas que a dos chimpanzés atuais, e também os modos de comunicação, fato atestado pelo desenvolvimento das partes anteriores do cérebro, como as zonas de linguagem. No entanto, apesar dessas novíssimas adaptações, os "primeiros homens" ainda não são totalmente *Homo*. Por quê? É o que veremos a seguir.

O grado *Homo erectus* antigo (1,8-0,8 MA)

Os mais antigos homens reconhecidos como tais surgem na África Oriental por volta de 1,9 milhão de anos. Às vezes chamados de "recém-chegados", eles surgiram numa época em que os "primeiros homens" e os *Paranthropus*, em plena divergência ecológica, viviam muito bem em termos de adaptação e diversidade. Esses verdadeiros homens, também chamados de *Homo ergaster*, teriam vindo de outra parte da África, portanto, ou teriam saído do grupo dos "primeiros homens" da África Oriental?

Qualquer que seja a resposta, os *Homo ergaster* ou *Homo erectus* gráceis dão início a uma nova fase da evolução da linhagem humana. Nitidamente maiores que seus predecessores, eles medem de 1,20 metro a 1,60 metro e pesam de 40 a 65 quilos, com muitas variações.

O cérebro é 30% maior em tamanho absoluto e 10% em tamanho relativo. Os dentes, as mandíbulas e o rosto são menos robustos. Embora o arco incisivo continue importante, os molares regridem, os segundos molares se tornam maiores em razão do menor tamanho dos terceiros. Esse processo de redução dos molares, do último ao primeiro, que não afeta a dentição anterior, é uma tendência secular da evolução do gênero *Homo*, de erectus a sapiens.

A aparência do corpo é mais delgada, com pernas e braços compridos. Não apresentam mais as características associadas ao arboricolismo. A caixa torácica adquire a forma de barril. A partir do *Homo erectus*, os humanos passam se locomover de uma única forma: o trote. Para caminhar ou correr, o *Homo erectus* movimenta alternadamente uma perna de um lado e um braço do outro. A diferença entre a caminhada e a corrida está no fato de que, na primeira, há sempre um pé no chão e, na segunda, há uma fase saltada. Essa aparente simplificação do repertório locomotor é acompanhada por um enorme cerebelo, que gerencia um corpo com um centro de gravidade na altura da bacia e, portanto, acima do chão. Durante a caminhada e a corrida, o movimento da perna (de um lado) e do braço (do outro) evita rotações corporais e desperdícios de energia. Da mesma forma, as elevações do centro de gravidade durante a caminhada são pouco amplas graças ao apoio das pernas estendidas. (Isso acontece menos durante a corrida, é claro.) Essa mecânica e essa dinâmica, gerenciadas por um cerebelo grande, favorecem deslocamentos acompanhados por uma redução otimizada do gasto de energia, do qual participa uma cabeça razoavelmente pesada que desempenha o papel de estabilizador. O mesmo pode ser dito das massas musculares, reduzidas nas extremidades dos membros e mais próximas do tronco, como em todos os animais capazes de correr.

O *Homo* não caminha nem corre rápido, mas tem uma resistência excepcional. A redução do comprimento dos pelos – e não

O grado *Homo*

Períodos MA	4 MA	2,5 MA 1,8 MA	1 MA
Grado	Australopitecos – 0	Primeiros homens – 1	*Homo erectus* – 2
Tamanho do cérebro (cc)	478	629	810/863
Tamanho corporal (kg)	40	44	52/55
Robustez dos membros	Robustos	Consideravelmente menos robustos	Menos robustos
Proporção úmero/fêmur	Igual	Igual	Igual
Comprimento dos membros em relação ao corpo	Igual	Igual	Igual
Dimorfismo sexual			
Cérebro	1,3	1,05	1,2
M-F (cc)	507-400	625-590	924-770
CV	15,7	12,2	17,8/15,9
Corpos			
Esqueletos associados	1,32	1,39	1,06/1
M-F (kg)	39-29,5	43-33	50/51-43/33
Esqueletos estimados	1,32	1,77	1,2/1,25
M-F (kg)	39-29,5	56,7-31-9	55,8/60-46,2/48,2

CV corpo	20,2	33		19,3
Tamanho do fêmur	13	16,3		8,7/5,8
Dentição				
Arco incisivo	Moderado	Grande		Intermediário
Molares	M1<M2<M3	M1<M2=M3		M1<M2>M3
Tamanho	Grandes	Menores		Moderados
Relevos	Arredondados	Menos arredondados		Menos arredondados
Vestígios de desgaste	Complexos	Complexos com mais variações e pequenas marcas		Complexos com mais variações e pequenas marcas
Idade de erupção M1	2,9/3,6 anos	Desconhecida		4,4-4,5 anos
Culturas	Lomekwiana	Olduvaiense		Acheulense
Metabolismo de base	1.134	1.192		1.3/1.35
Gastos energéticos	2.264	2.026/1.164		2.224/2.568
Territórios vitais	Savanas arborizadas	Savanas arborizadas		Savanas mais abertas
Regiões	África	África/sul da Ásia		África/sul da Ásia
Transporte de ferramentas	Não	Sim		Sim
Uso de ferramentas	Cortar/percutir	Cortar/percutir		Cortar/percutir

Dados biológicos dos hominídeos segundo a tabela 1 de Susan C. Anton e J. Josh Snodgrass, *Current Anthropology* 53 (suppl. 6), 2012.

a perda de pilosidade – e o surgimento das glândulas sudoríparas parecem ter acontecido com o *Homo erectus*.

A isso se somam a capacidade de dissociar o ritmo respiratório do ritmo dos membros – o que os quadrúpedes não podem fazer – e capacidades ventilatórias favorecidas pela mobilidade das duas primeiras costelas torácicas, com uma inervação intensa da parte superior do tronco. Ainda que essas características não estejam completamente formadas no famoso fóssil quase completo do Turkana Boy, datado de 1,5 milhão de anos, o *Homo erectus* possui a anatomia de um bípede exclusivo muito resistente: na verdade, ele é o animal mais resistente que já pisou na face da Terra.

O caminhante das savanas

Uma estatura maior confere várias vantagens, como a de poder deslocar-se gastando relativamente menos energia. Ela também reduz o risco de predação. *Homo* é um animal de grande porte, impressão reforçada por suas atitudes bípedes. Essas características beneficiam o novo tipo de predador que ele é, praticante da caça de persistência.

A caça de animais de pequeno e médio porte é praticada há milhões de anos na família dos hominídeos, de maneira oportunista ou organizada, da mesma forma que entre os chimpanzés de hoje. Assim como em relação à carne, a questão não é caçar ou não caçar, ou consumir carne ou não, mas quando a caça passa a compor a adaptação da espécie. Como vimos, embora os "primeiros homens" caçassem como os australopitecos e os chimpanzés atuais, a parte carnívora substancial de seu regime vinha do consumo de carniça. Com o *Homo erectus*, o leque de presas se amplia e ele consegue perseguir e abater grandes herbívoros.

A caça de persistência também permite acossar animais grandes. Depois de várias horas de perseguição, a presa estressada e exausta fica paralisada, pois não consegue mais liberar o calor produzido pelo esforço extremo e repetido. Sem fôlego e intoxicada pelo acúmulo de suas próprias toxinas, ela se imobiliza. Os quadrúpedes não conseguem regular o ritmo respiratório imposto pelos membros, e só conseguem dissipar o calor produzido pelos esforços musculares pela boca. Quando o animal fica paralisado de exaustão, basta dar-lhe o golpe fatal – é assim que terminam as batidas de caça, com a presa paralisada numa poça de suor, tentando dissipar o calor acumulado no organismo. Fuzis não são necessários; basta uma adaga ou, na época do *Homo erectus*, uma pedra afiada. A anatomia, a fisiologia e o tamanho do *Homo erectus* o transformam num temível predador.

Que relações os *Homo erectus* mantêm com os outros predadores, que abundavam à época, especialmente com os de grande porte? Embora os "primeiros homens", da mesma forma que os australopitecos, fossem presas bastante visadas pelos predadores – muitos fósseis o atestam –, isso não acontece mais com o *Homo erectus*. Claro que um indivíduo imprudente, isolado, sempre pode se deparar com uma surpresa ruim, como nos dias de hoje, mas de modo geral os hominídeos, como todos os símios e grandes símios, são ativos durante o dia, enquanto os predadores o são à noite. As horas mais perigosas começam com o crepúsculo. No entanto, os predadores podem agir durante o dia quando vale a pena, por exemplo para tomar uma carcaça. Nesses casos, as relações deviam ser tensas, mas homens em grupo, com bastões e pedras, também são perigosos. Depois do *Homo erectus*, os fósseis com marcas de predação se tornam raros. Além disso, o surgimento desses homens coincide com o desaparecimento de várias espécies de grandes predadores. O *Homo*, que ocupa o topo das comunidades ecológicas, conquista seu lugar.

Culturas, ferramentas, símbolos

O *Homo erectus* representa uma ruptura considerável com os "primeiros homens", portanto, qualquer que seja a natureza da transição – rápida ou progressiva, e sem dúvida em mosaico. Seja como for, várias inovações técnicas e culturais surgem no período acheulense: a linguagem, o fogo e a construção de abrigos. Embora haja muitas controvérsias a respeito do surgimento dessas inovações consideradas isoladamente, uma abordagem integrativa indica um feixe de elementos que torna verossímil o que alguns autores chamaram de "pacote humano" (*human package*).

O acheulense surge na África, a partir do olduvaiense – da mesma forma que os *Homo erectus* vêm dos "primeiros homens". Os dois tipos de culturas coabitam na África, em sítios contemporâneos, por mais de 300 mil anos e, às vezes, dependendo dos sítios, em camadas alternadas. Em alguns lugares, como na Etiópia, acompanhamos uma progressiva transição do olduvaiense para o acheulense. Ao longo desse período, os *Paranthropus* e os primeiros homens coabitam com os *Homo ergaster*. Enquanto os *Paranthropus* existem até 1 milhão de anos, os "primeiros homens" desaparecem por volta de 1,5 milhão de anos. Esse desaparecimento certamente se deve à concorrência com o *Homo erectus* – os *Paranthropus* são menos ameaçados, devido à sua especialização no consumo de vegetais duros. (Resta o enigmático caso do *Homo naledi*.) Mas eles também acabam se extinguindo, em virtude de mudanças ambientais, e, costuma-se esquecer, da concorrência com os babuínos, em plena expansão.

O complexo tecnocultural acheulense – descrito segundo o sítio arqueológico de Saint-Acheul, no norte da França, no final do século XIX – se distingue por um instrumento emblemático, o biface. Essa ferramenta simétrica é arredondada na base e termina em ponta. Ela tem várias funções, como cortar, raspar, furar, esmagar; é o canivete suíço da pré-história. A panóplia acheulense também abrange ferramentas maiores como fendedores e grandes seixos talhados. A complexidade e a diversidade dessas ferramentas exigem escolhas mais seletivas de rochas propícias ao corte e técnicas novas, como o uso de percutores macios. Em vez de uma pedra utilizada como martelo – percutor duro produzindo blocos ou lascas grosseiras –, o uso de pedaços de madeira ou ossos permite a obtenção de ferramentas mais finas e de retoques mais sutis.

Pedra, madeira, osso... É preciso lembrar que as idades da pedra são, acima de tudo, idades da madeira, mas que esta raramente se conserva. Entre os mais antigos vestígios de ferramentas de madeira preservadas estão as lanças descobertas na África Oriental, em Kalambo Falls, de 400 mil anos de idade; muito posteriores ao início do acheulense, portanto. As valiosas ferramentas de pedra representam apenas uma parte de todas as ferramentas fabricadas e utilizadas pelos hominídeos fósseis – homens, australopitecos e outros. Esse é um dos motivos de controvérsia entre paleantropólogos e arqueólogos. Para estes últimos, sítios arqueológicos revelam as *mais antigas* ocorrências do uso de ferramentas de madeira ou do uso do fogo. Sem dúvida, mas isso não quer dizer que correspondam ao primeiríssimo uso dessas técnicas. Nenhum arqueólogo afirma que as ferramentas de madeira surgiram há cerca de 400 mil anos (referência às lanças de Kalambo Falls), e seria ainda mais polêmico fazer uma afirmação do tipo no caso do uso do fogo ou da construção de abrigos. Os mais antigos vestígios arqueológicos conhecidos não se referem aos primeiros usos dessas técnicas.

Transformação do mundo

Mais que um canivete suíço, o biface indica o surgimento de um artesanato guiado também pela preocupação estética. Algumas ferramentas são realmente esplêndidas e têm pouco ou nenhum vestígio de uso. As mais perfeitas podem ter sido objetos simbólicos usados em trocas dentro de um grupo ou entre grupos. A escolha da pedra, a qualidade dos retoques, as formas obtidas com simetria e equilíbrio atestam uma busca estética. Além disso, a reconstituição das cadeias operatórias – o conjunto de gestos necessários à fabricação – mobiliza capacidades cognitivas idênticas às da linguagem. O gesto e a palavra atuam da mesma maneira, na criação de um biface ou de uma frase; os retoques, por exemplo, são o equivalente cognitivo das repetições da fala. A anatomia das mãos é que permite isso, assim como a da parte anterior do cérebro esquerdo, no caso da linguagem. O *Homo erectus* inventa os primeiros modos de expressão simbólica.

Com o abandono parcial do mundo das árvores, torna-se imperativo proteger-se à noite. Os mais antigos vestígios de abrigos, dos quais restam as fundações de pedra, datam de 1,8 milhão de anos atrás, em Olduvai, época contemporânea ao *Homo ergaster*. Para se proteger, uma simples cabana, mesmo cercada de galhos espinhosos eficazes como os das acácias, por exemplo, não é suficiente. Uma proteção suplementar podia vir do uso do fogo.

Os mais antigos vestígios de uso do fogo vêm de dois sítios arqueológicos, um na África Oriental, outro da África Austral, com idade entre 1,8 e 1,7 milhão de anos. Mais uma vez, a datação corresponde ao surgimento do *Homo ergaster* e da cultura acheulense. Obviamente, a questão permanece envolta em controvérsias, do ponto de vista arqueológico.

No entanto, e dentro de uma perspectiva biológica, como explicar de outro modo os aumentos no tamanho do corpo e do cérebro, os níveis de atividade mais intensos e em territórios mais amplos, as novas atividades culturais em torno de ferramentas – busca e coleta de jazidas, fabricação, transporte etc. –, combinados a um regime alimentar que só utiliza alimentos crus, qualquer que seja o modo de preparo físico – cortar, raspar, triturar, esmagar –, enquanto seus dentes e músculos mastigadores se tornam mais gráceis?

Hoje em dia, pessoas com uma visão ingênua da vida de nossos ancestrais adotam regimes alimentares baseados em alimentos vegetais e animais crus. Mais magras que a média da população, elas sofrem cronicamente de déficit de calorias, e as mulheres apresentam graves problemas de fertilidade. Pois mesmo vivendo em ambientes citadinos, com alimentos de boa qualidade produzidos pela agricultura, sem risco de desabastecimento e apesar dos eficazes meios oferecidos por nossos utensílios de cozinha para prepará-los, os "crudistas" sofrem regularmente de deficiências fisiológicas. Nossos ancestrais *Homo erectus* não dispunham dos mesmos recursos, como seria de esperar. Como vimos, os "primeiros homens" representam o nível de adaptação mais elevado entre hominídeos ativos e munidos de cérebro desenvolvido para o regime alimentar crudívoro.

A explicação canônica recorre à carne e à caça para justificar essa transformação. Sem negar a importância da qualidade nutritiva, sobretudo calórica e proteica da carne, ela não seria suficiente. Esse recurso depende tanto do sucesso dos caçadores quanto da abundância de presas, cujas taxas de gordura corporal variam drasticamente segundo as estações. As savanas arborizadas não eram supermercados! Ainda que se admita que a carne pudesse ser suficiente para os homens, é mais problemático admiti-lo para as mulheres gestantes ou lactantes, que têm necessidades fisiológicas estáveis, sobretudo porque dão à luz filhotes de tamanho corporal e cerebral considerável.

O problema também está no cérebro, órgão que mais consome energia em todas as idades da vida. Estudos comparativos entre símios e grandes símios indicam que não é possível um grande símio em sentido amplo desenvolver um cérebro com mais de 700 centímetros cúbicos na idade adulta com um regime alimentar exclusivamente crudívoro na gestação (desenvolvimento), na infância (crescimento) ou no início da idade adulta (atividades). Duas soluções são possíveis: ou o *Homo* consome alimentos de melhor qualidade, fáceis de mastigar e digerir, *e/ou* ele utiliza o fogo, que amolece, desintoxica e facilita a digestão. É o retorno do "Rubicão cerebral", uma velha hipótese empírica da época do apogeu do *Homo habilis*, que postulava, arbitrariamente, que um fóssil com cérebro maior que 600 centímetros cúbicos devia necessariamente pertencer ao gênero *Homo*. Dessa vez, a razão para esse patamar tem uma justificativa. Então como explicá-la?

A hipótese canônica da carne vem da ideia de que sua digestibilidade facilita a absorção no intestino delgado, enquanto a parte do regime que incorpora alimentos vegetais degradados pela microbiota no intestino grosso diminui. Resulta disso uma considerável transformação biológica e fisiológica, com a redução do tamanho do intestino grosso e do ceco, por um lado, e com o aumento do tamanho do cérebro, por outro. Essa evolução teria começado com o *Homo erectus*?

O *Homo erectus* apresenta crescimento do tamanho corporal, ampliação das atividades físicas e cérebro maior. Além disso, a redução do tamanho dos molares, do rosto e do aparelho mastigador indica uma carga mastigatória menor. Em relação aos intestinos, a forma em barril da caixa torácica, em sua parte inferior, e a forma mais acentuada de bacia na pelve estariam associadas – mas isso não é consenso – a uma diminuição do intestino grosso e do ceco. No sapiens, nossa espécie, o tamanho do intestino delgado corresponde ao de um grande símio do nosso tamanho. Por outro lado, o cólon e o ceco, restritos no apêndice, são muito pequenos, resultado de uma evolução do regime alimentar, que incorpora alimentos de fácil mastigação e, acima de tudo, de absorção no intestino delgado.

Os alimentos digeridos no cólon pela microbiota, como todos que contêm amido, têm a degradação facilitada pelo cozimento, que leva a um rendimento em média 30% superior. Tudo isso é bom para o cérebro, e há pouco tempo sabemos que nosso ventre deve ser entendido como um "segundo cérebro": aquilo que comemos alimenta e influencia nossas capacidades cognitivas.

A carne, portanto, não é o único fator operante, pois já nos "primeiros homens" ela representava uma parte substancial do regime alimentar. Segundo os vestígios dos desgastes dentários, o regime alimentar não muda substancialmente entre os "primeiros homens" e os primeiros *Homo erectus*; o que de fato muda é o tratamento dos alimentos: por meios físicos – ferramentas e seus usos – e, o que constitui uma novidade, por meios químicos, através do fogo.

Observações junto a vários povos caçadores-coletores atuais comprovam o costume de passar tubérculos e outros alimentos vegetais pelas chamas. Como no caso da carne, a grelhagem facilita a mastigação e a digestão. Ora, as chamas dos galhos colocados no solo não necessitam de fogueiras e não deixam vestígios arqueológicos. Obviamente, a ausência da prova não é uma ausência de prova, e o salto evolutivo entre os "primeiros homens" e os primeiros *Homo erectus* dificilmente pode ser explicado por uma simples mudança de regime alimentar, com a introdução do consumo de carne. O fogo, porém, proporciona uma nova adaptabilidade ao *Homo*: a coevolução que transforma sua biologia, sua cognição e, como veremos, sua sociedade.

Nascimento de um novo homem

Um cérebro maior ao nascer pressupõe dificuldades no parto, dada a configuração da região inferior da bacia, também chamada de "pelve menor". A dificuldade do parto sem dúvida surge nessa época. Ela é consequência de duas tendências evolutivas de origens diferentes: por um lado, a aquisição de uma bipedia mais eficaz, com o remanejamento da anatomia da bacia – evolução biológica; por outro, o aumento do tamanho do cérebro, em resposta a fatores bioculturais. As duas se encontram, dolorosamente, na altura da pelve menor.

A duração da gestação está relacionada ao tamanho do cérebro do recém-nascido e, é claro, do adulto. Com base em estudos comparados, a gestação de nossa espécie atual deveria durar entre dezoito e vinte meses. Embora essa relação não seja milimetricamente precisa, a diferença é considerável. Essa particularidade se reflete nas curvas de crescimento. Nos grandes símios mais próximos de nós, a curva que descreve o crescimento do tamanho do cérebro se modifica depois do nascimento. Isso não acontece com o *Homo sapiens*, pois ela se prolonga da mesma forma que *in utero* até os dezoito a vinte meses de idade.

Outra particularidade do bebê humano é ele ser muito grande: para uma gestação de duração quase tão longa quanto a dos grandes símios, com cerca de duas semanas de diferença, e massas corporais bastante próximas entre chimpanzés fêmeas e mulheres, consideravelmente mais corpulentas, o peso e o tamanho do cérebro do recém-nascido são o dobro!

Tais diferenças são necessariamente acompanhadas de mudanças fisiológicas e sociais. Essa transformação fundamental é chamada de *altricialidade secundária*. A altricialidade descreve o desenvolvimento do cérebro do feto dentro do útero. O adjetivo "secundária" refere-se a seu prolongamento – específico à linhagem humana – depois do nascimento, portanto fora do útero.

Como essa evolução pôde acontecer? Graças à importância do regime alimentar, mencionada acima. Ainda assim, as mulheres precisam de um aporte suficientemente regular de proteínas, gorduras e calorias para o desenvolvimento do feto e para o aleitamento. Uma transformação importante, portanto, residiria na capacidade de armazenamento de gordura. Comparados aos grandes símios, as mulheres e os homens dos povos caçadores-coletores atuais – bem menos adiposos que os sapiens citadinos – apresentam massas adiposas duas vezes mais importantes, com massas musculares relativamente menores. O corpo das mulheres não armazena gordura nas mesmas regiões que o dos homens, o que acentua as diferenças morfológicas entre os dois sexos – o chamado dimorfismo sexual. O acúmulo de gordura nos quadris e o desenvolvimento de seios permanentes são novas adaptações associadas a essa altricialidade secundária.

Também observamos mudanças evolutivas em torno do aleitamento e do desmame. Nos grandes símios, o desmame acontece entre os 4 e os 6 anos. A mãe para de amamentar o filhote – fim da primeira infância –, volta a ovular e torna-se fértil novamente. Nos símios em geral, menos nos grandes símios, a idade do desmame está relacionada à da erupção do primeiro molar, característica encontrada nos fósseis. No entanto, aqui também observamos uma dissociação entre os humanos, pois o desmame em média acontece – entre os povos tradicionais – por volta dos 3 anos, enquanto o primeiro molar irrompe por volta dos seis anos.

Além disso, o período de gestação diminui, enquanto as fases da vida se alongam: primeira infância, infância, adolescência – ímpeto de crescimento espetacular entre os humanos – e maturidade cerebral, sexual e somática. E, como sempre na evolução, pequenas diferenças levam a grandes consequências adaptativas. A interrupção precoce do aleitamento possibilita a antecipação da próxima gravidez, que também é facilitada pelo acesso mais regular a alimentos de boa qualidade, com uma puberdade precoce para as mulheres jovens. A expansão demográfica e geográfica do *Homo* se torna possível.

E essas transformações profundas se manifestam já nos primeiros *Homo erectus*?

Várias delas são conhecidas há muito tempo, mas suas consequências eram de difícil avaliação. Isso se devia ao mito do homem-esse-grande-caçador. Essa evolução era creditada à carne e aos machos como únicos provedores de proteínas de qualidade. Note-se que a evolução do homem foi por muito tempo conjugada no modo masculino, para não dizer no modo machista. Isso não significa que não tenham ocorrido grandes transformações também nos homens – como veremos –, mas elas precisam ser restituídas ao conjunto de novas adaptações biológicas e culturais das primeiras sociedades humanas. Este, aliás, é o objetivo da abordagem integrativa.

Sexo e sociedade

O dimorfismo sexual é um indicador valioso da adaptação social das espécies. De modo geral, quanto menores elas forem, mais dimórficas elas serão. Nas espécies monogâmicas, como os gibões, os dois sexos têm a mesma corpulência. Nas espécies que vivem em haréns políginos, os machos são duas vezes maiores que as fêmeas. O inverso acontece nos haréns poliândricos, raríssimos entre os símios ou entre os mamíferos em geral, mas mais frequentes entre os pássaros.

Essa diferença importante, que atua em prol dos machos, vem da seleção sexual. Ela decorre, por um lado, da intensa competição entre eles, ou intrassexual, para afastar os rivais, tomar seus lugares ou conservá-los; por outro, da escolha das fêmeas, a quem interessa usufruir da proteção de um macho potente. Pois quando o macho toma posse de um harém, ele logo mata os filhotes não desmamados, para que as fêmeas voltem a ser férteis. Entre as espécies monogâmicas, a escolha dos parceiros (competição intersexual) prevalece, pois a razão adaptativa da monogamia consiste, para as fêmeas, em garantir a colaboração do macho na educação dos jovens; o chamado investimento parental dos machos.

Entre esses dois extremos há sociedades compostas por várias fêmeas e vários machos adultos. A expressão do dimorfismo sexual depende da intensidade da competição entre os machos, mais pronunciada se eles não forem aparentados, como entre os babuínos ou entre os macacos asiáticos, ou menos marcada se eles forem aparentados, como entre os chimpanzés e os homens.

O QUE SÃO OS HOMENS

Dois pontos desse breve panorama deveriam ser lembrados na definição de um sistema social: estrutura e organização (para uma apresentação mais desenvolvida, reler *Premiers Hommes*). A estrutura descreve o número de machos e fêmeas adultos (e seus filhos); a organização se refere às relações privilegiadas entre os indivíduos. Para os monogâmicos, uma fêmea e um macho de tamanhos comparáveis, com relações exclusivas entre si e em territórios próprios; portanto, sem relação social com os outros casais, salvo vizinhanças bastante hostis (gibões, siamangs). Para os haréns políginos, há um macho com várias fêmeas e diferentes tipos de organização: macho coercivo com fêmeas não aparentadas (babuínos-sagrados); macho na periferia de um grupo de fêmeas aparentadas (babuínos-geladas); macho protetor escolhido por fêmeas não aparentadas (gorilas). Para as espécies multimachos/multifêmeas, a organização costuma ocorrer em torno de fêmeas aparentadas (macacos asiáticos, babuínos da savana) com machos mais ou menos belicosos. Em outros grupos, muito raros, a organização gravita em torno de machos aparentados dominantes (chimpanzés) ou fêmeas dominantes (bonobos). Neste último caso, o dimorfismo é menos marcado, pois as rivalidades entre os machos são temperadas por suas relações filiais.

E as sociedades humanas tradicionais? Elas se organizam em grupos multifêmeas/multimachos, estes últimos aparentados. Há algumas exceções, mas, em mais de nove décimos das sociedades repertoriadas pelos etnógrafos, as mulheres, entre a adolescência e a idade adulta, deixam o grupo natal para se unir ao do esposo. No sapiens, as mulheres são exogâmicas e os homens patrilocais, como na linhagem mais próxima a nós, dos chimpanzés. É uma organização muito rara, característica de nossa família de hominídeos. (Em quase todas as sociedades de símios e mamíferos, as fêmeas são matrilocais e os machos são exogâmicos, cf. *Premiers Hommes*.) Entre os hominídeos, o *Homo sapiens* se distingue por uma forte tendência à monogamia e à poliginia. Também existem algumas sociedades poliândricas.

Ao contrário das espécies monogâmicas, os casais humanos vivem entre outros casais humanos e, às vezes, em haréns políginos. Esses haréns são privilégios concedidos aos homens em posição de poder político e/ou econômico, desde que eles possam garantir a viabilidade econômica de suas mulheres e dos numerosos filhos. Quer se trate de casais monogâmicos ou de haréns, as sociedades inventaram rituais e códigos que indicam a condição das mulheres e dos homens. Estamos falando de todas as formas de casamento, cuja função é consagrar a união diante da comunidade, e de todos os signos simbólicos aferentes (tatuagens, penteados, vestimentas, joias...). Os casamentos correspondem a regras de parentesco e filiação quase sempre muito complexas, e que portanto necessitam da linguagem para serem aprendidas, enunciadas ou respeitadas. Tudo com o objetivo de garantir o investimento parental dos machos, tanto em famílias monogâmicas quanto em haréns. Uma das condições do investimento parental dos machos se baseia na certeza da paternidade.

É nesse ponto que as coisas se complicam para o *Homo*, sobretudo devido a uma sexualidade muito particular. Comparado aos australopitecos, mas com menos certeza em relação aos "primeiros homens", o dimorfismo sexual diminui ao longo da evolução da linhagem humana, ainda que os homens continuem visivelmente maiores que as mulheres. Há muitas controvérsias a respeito dessa característica, principalmente no âmbito dos estudos de gênero e dos métodos utilizados pelos homens para dominar as mulheres (ideologia da dominação masculina).

Se nos ativermos à comparação entre espécies, ou seja, de um ponto de vista primatológico, o moderado dimorfismo sexual se deve a vários fatores: baixa competição física entre homens aparentados, tendência marcada para a monogamia e a escolha das fêmeas. Mas isso se torna mais complicado nas sociedades humanas em razão das regras impostas para as uniões e pelo incrível arsenal inventado pelos homens para dominar as mulheres, por meio de tarefas, do uso das ferramentas, do acesso aos melhores recursos alimentares e de todas as formas de ideologia de dominação religiosa, econômica e política. Nossa espécie se caracteriza por um triste fato: o homem é o pior inimigo da mulher, como atestado pela inacreditável violência contra as mulheres – violência que, é preciso dizer, vem menos da natureza do que da cultura.

Quando isso começou? Com o *Homo erectus*?

As sociedades humanas inventaram, com o passar do tempo, uma diversidade de regras de parentesco e filiação difícil de imaginar, sobretudo em nossas sociedades pós-modernas, no âmbito dos atuais debates sociais em torno da procriação e da filiação.

Ainda que o dimorfismo sexual de tamanho corporal continue modesto, ele se manifesta através de modos muito particulares. Nas mulheres adultas, o corpo tem formato de violão na altura da cintura, entre os ombros e os quadris. Embora seja fácil distinguir uma mulher de um homem de costas, isso não acontece entre as fêmeas e os machos de mesmo tamanho entre os grandes símios, pois as primeiras se tornam mais largas pelo acúmulo de tecidos adiposos. Na altura da bacia, a pilosidade pubiana dissimula a vulva. Entre as mulheres, não há transformação do corpo durante a ovulação, chamada de estro nos símios. Entre os chimpanzés, ao contrário, o estro se manifesta por um inchamento espetacular das partes genitais, desprovidas de pilosidade, que adquirem uma cor rosada ou avermelhada. A camuflagem do estro faz com que as mulheres desconheçam, e mais ainda os homens, seus picos de ovulação e fecundidade (exceto durante as menstruações).

A atração sexual se volta para nádegas proeminentes e seios permanentes. Há muita discussão em torno do significado adaptativo original dessas características fisiológicas para garantir a gestação e o aleitamento e/ou os sinais sexuais. Aqui também é difícil distinguir entre fatores biológicos e culturais. Seja como for, as mulheres apresentam outra característica única: receptividade sexual permanente.

Todo esse arsenal sexual, somado à voz, ao jeito de andar e ao que é mostrado ou não, faz com que as sociedades humanas sejam obcecadas pelo controle da sexualidade feminina, indo da tolerância à coerção.

Os homens também passam por mudanças profundas. O tronco tem formato de trapézio, a pilosidade é mais espessa, especialmente no rosto, e a voz muda e fica mais grave. As massas musculares são relativamente mais importantes do que as massas adiposas, concentradas no abdome. Comparados aos chimpanzés, os homens possuem um pênis muito desenvolvido em comprimento e espessura, desprovido de báculo, osso que sustenta a ereção. (Esse osso peniano existe em quase todos os mamíferos, como símios e grandes símios, com exceção dos bonobos.) Ao contrário do que ocorre com símios e grandes símios, o pênis humano não fica dentro de uma bainha. Os homens exibem seus pênis pendentes. Os testículos são de tamanho modesto – característica que, do ponto de vista primatológico, condiz com a tendência à monogamia e com a competição sexual entre os machos.

As sociedades humanas são marcadas, para mulheres e homens, pela tensão entre a obrigação de garantir a educação dos filhos e uma sexualidade permanente e livre de pressões sazonais. O *Homo* – apesar do entusiasmo ingênuo a respeito dos bonobos – desenvolveu como nunca antes dele, nos planos biológico e cultural, sociedades complexas em torno da sexualidade, no âmbito das relações sexuais, da associação da mulher e do homem – por desejo e/ou obrigação social – ou de relações dissociadas de qualquer função reprodutiva. A sexualidade invade o tecido das relações sociais e, por isso, não se limita a relações hedonistas ou negociadas entre parceiros de sexos necessariamente diferentes.

Esse dimorfismo tão particular começa a se manifestar durante a adolescência. Esse período da vida é mais longo nos *Homo*, e está associado a transformações biológicas, sexuais, comportamentais e sociais de abrangência totalmente desconhecida nas espécies de símios e grandes símios. Ressaltemos também a "inversão" dos órgãos genitais, dissimulados nas mulheres e expostos nos homens, bem como a chamada "erotização" das partes e expressões do corpo.

A adolescência prolongada também é um período de notável adaptabilidade, através de uma plasticidade que afeta a puberdade, como a aquisição do tamanho adulto em função das condições de vida física, ambiental e social, que se manifesta de maneira diferente em mulheres e homens. Como no caso do dimorfismo sexual, os coeficientes de variação do tamanho do corpo e do cérebro são uma expressão dessa plasticidade, com diferentes pressões segundo os sexos. Assim, as diferenças morfológicas e fisiológicas entre mulheres e homens, como os tecidos adiposos, fazem com que elas resistam melhor do que eles aos períodos de crise ou estresse. Quando uma população humana passa por tais períodos, a mortalidade dos homens, especialmente os mais jovens, é mais elevada. Estava na hora de olharmos para as origens do gênero *Homo* sob a perspectiva das mulheres.

O que são as mulheres e os homens

O *Homo erectus* seria tão humano, demasiado humano, quanto nossa espécie *Homo sapiens*? Na delimitação do que foram os primeiros *Homo*, as comparações oscilam entre, de um lado, chimpanzés e australopitecos e, do outro, nossa espécie atual – mais exatamente, o que sabemos dos povos tradicionais. Ao buscar a constituição biológica e cultural do gênero *Homo*, não queremos naturalizar o Homem, como nos criticam muitos filósofos presos ao dualismo cartesiano ou os teólogos apegados ao Homem à imagem de Deus. Ideias antropocêntricas e teodiceias nunca nos ensinaram nada sobre os primórdios da humanidade, sobre o que ela é e como se adapta.

A pergunta que se coloca aos paleantropólogos é saber como surgiu o *pacote humano*: por pontualismo, gradualismo ou mosaico? De modo geral – e é por isso que não podemos dispensar a paleantropologia e a pré-história –, quanto mais fósseis encontramos e quanto mais os sítios arqueológicos se multiplicam, mais a transição entre os "primeiros homens" e os primeiros *Homo erectus* africanos se desenha em mosaico.

A propósito, temos certeza de que essa transição aconteceu na África? Vimos que alguns "primeiros homens" percorreram a Eurásia, da Geórgia (fósseis de Dmanisi) à China, como atestado pelos sítios arqueológicos. Com exceção dos fósseis da Geórgia, não conhecemos sua anatomia. Os homens de Dmanisi, também chamados de *Homo georgicus*, apresentam uma enorme variabilidade de características cranianas, condizente com uma evolução em mosaico. Eles têm tamanho modesto, conservam características dos braços ligadas ao arboricolismo, usam ferramentas olduvaienses, comem carne e são comidos por predadores. Eles são mais parecidos com os "primeiros homens africanos" do que com os primeiros *Homo erectus* africanos contemporâneos, os *Homo ergaster*. Alguns autores situam-nos na imprecisa categoria de *Homo non-erectus*. Seja como for, eles confirmam a transição em mosaico entre os "primeiros homens" e o *Homo erectus*.

O *Homo ergaster* inventa uma nova adaptabilidade, que lhe abre todas as portas do Velho Mundo. Sua evolução biológica e cultural o leva a uma coevolução que, ao contrário do que se postulou por muito tempo, não o emancipa dos fatores da evolução, como a seleção natural ou as derivas genéticas. O *Homo* se caracteriza por uma plasticidade biológica, cognitiva e cultural inédita em toda a história da vida. Para de fato compreendê-la, é preciso sair do esquema sequencial clássico que postula uma biologia dominada pelo cognitivo e que passa o bastão para a cultura – muito pelo contrário, a adaptabilidade do *Homo* se urde nas interações entre as duas.

Essa adaptabilidade se baseia nas profundas transformações da ontogênese e dos períodos de vida. Sem a altricialidade secundária teria sido impossível dar à luz um filho com corpo e cérebro tão grandes. O período de desenvolvimento fora do útero – a segunda altricialidade – coloca o recém-nascido num útero sociocultural propício à percepção de seu ambiente, como a língua materna.

O desmame precoce favorece, como vimos, a fecundidade, o que faz com que o *Homo* desenvolva uma rara estratégia de reprodução, baseada na qualidade e na quantidade. Mas isso não pode acontecer sem uma transformação da fisiologia das mulheres e das sociedades que se baseie em novas formas de cooperação, como o acesso a alimentos de boa qualidade e de disponibilidade suficientemente regular. É de fato impossível amamentar um bebê e, ao mesmo tempo, cuidar do filho que o precede. Impossível sem os chamados cuidados aloparentais proporcionados por associados, amigos e/ou uma organização da sociedade. Para além da moda atual do altruísmo, os estudos comparados em etologia mostram que as sociedades que praticam a solidariedade, a cooperação e o altruísmo se adaptam mais e resistem melhor aos períodos de crise; isso vale, em média, para espécies e populações de uma mesma espécie, com grandes variações.

Esse tipo de sociedade não pode se desenvolver sem a linguagem, que permite, entre outras coisas, enunciar situações e formular obrigações, tanto no sentido da colaboração quanto no das regras de parentesco. Trocas de ferramentas, objetos, alimentos e cônjuges entre os grupos sem dúvida ocorrem ao longo desse período. Acredita-se que os bifaces mais bem-acabados eram utilizados em trocas. Seria o surgimento da economia do dom?

O *Homo erectus* se liberta do mundo das árvores. Graças a suas ferramentas e armas, ele tem acesso a uma gama maior de alimentos, pode perseguir presas de grande porte e se proteger construindo abrigos, e também fazendo fogo. Ele começa a transformar seu mundo e a representá-lo. Talvez ele também comece a contar histórias à noite em volta do fogo, que ilumina novos momentos de sociabilidade. Ignoramos quais seriam seus pensamentos a respeito da vida e da morte. Não conhecemos vestígios de rituais. Mas sabemos que os chimpanzés atuais se comportam de maneira muito particular a respeito do nascimento, da doença, da deficiência e da morte, e estudos recentes mencionam rituais. É difícil imaginar que os "primeiros homens" e, principalmente, os primeiros *Homo erectus* não tenham tido tais comportamentos.

Não se trata de fazer especulações temerárias, mas de tecer hipóteses de pesquisa. Toda boa pesquisa se baseia em boas perguntas, e não em clichês nunca questionados. A abordagem integrativa se mantém informada a respeito do avanço dos conhecimentos de várias ciências da Terra e da vida, bem como das ciências sociais e humanas das espécies atuais – grandes símios e homens – e do que sabemos das espécies fósseis. O próprio do Homem, repetido como uma litania, baseado apenas na bipedia, no uso de ferramentas e na caça, atribuídos preferencialmente aos machos segundo os cânones obsessivos da ideologia masculina que perpetua a evolução do homem pelos homens, passou totalmente ao largo da adaptabilidade do gênero *Homo*, chegando a ocultar uma grande evidência: é o próprio da Mulher que dá à luz o próprio do homem. É com essas bagagens da evolução que o *Homo sapiens* abordará suas transformações atuais.

O primeiro de todos os impérios humanos

Levado pela coevolução e por sua adaptabilidade, o *Homo erectus* sai da África por sua vez e ruma para latitudes cada vez mais altas, percorrendo todas as longitudes da China à Europa, sendo este último "continente" ocupado um pouco mais tarde.

O gênero *Homo* se instala em ecossistemas com condições ecológicas cada vez mais distantes de seu berço original, portanto, não sem contribuir para o desaparecimento dos "primeiros homens", inicialmente na África e depois na Ásia.

O destino dos *Paranthropus* é selado há cerca de 1 milhão de anos, na África, e desde então a linhagem humana, outrora tão diversificada, se limita ao gênero *Homo*, que conhece uma expansão por todo o Velho Mundo. Uma exceção é digna de nota: os estranhíssimos e inoportunos *Homo naledi*, ainda existentes por volta de 300 mil anos na África Austral – se é que eles foram *Homo*. Seria preciso explicar como essa espécie conseguiu sobreviver na região, ao lado de sapiens muito diferentes deles, mais robustos, com cérebros muito grandes, e que tendiam ocupar todo o espaço a seu redor. A África Austral teria sido o último refúgio desses "homens", como aconteceu em várias ilhas do outro lado do mundo, em Flores e Luzon. Ainda que hoje se saiba, como veremos, que populações humanas mais recentes podem ter vivido evoluções muito específicas por meio de derivas genéticas e podem ter sobrevivido graças ao isolamento insular, a questão é enigmática no caso de uma região como a África Austral.

Em duas décadas de pesquisas, a imagem da espécie *Homo sapiens* dominando o Velho Mundo sozinha levou à criação de um mapa articulado entre dois impérios bastante conhecidos por meio de fósseis, culturas e genes: sapiens na África e em parte do Oriente Próximo, e neandertais na Europa e na Ásia Ocidental até as portas da Sibéria. No entanto, existe mais uma espécie do gênero *Homo*, conhecida por meio dos raros fósseis e genes das mulheres e homens de Denisova, na Ásia Oriental e, nos limites dos dois impérios, como seria de esperar, seus satélites *Homo naledi*, na África Austral, *Homo floresiensis*, em Flores, e *Homo luzonensis*, em Luzon. Homens e mais homens!

Como foi que, depois do *Homo erectus* e do berço africano, a evolução do gênero *Homo* produziu tanta diversidade? Esse é o segundo paradoxo da linhagem humana. O primeiro se referia ao sucesso da linhagem africana, num momento em que todas as outras linhagens de grandes símios desaparecem na Europa ou diminuem na Ásia, ao fim do período Terciário. Esse sucesso passa pelos australopitecos e pelos "primeiros homens". Antes do surgimento do gênero *Homo*, com o *Homo erectus*. Como veremos, ele se espalha por todo o Velho Mundo, enquanto os "primeiros homens" desaparecem, seguidos pelos *Paranthropus*. Uma única linhagem da família dos hominídeos sobrevive, com um sucesso que apenas começamos a entender, o planeta dos homens, ainda limitado ao Velho Mundo. Alguns autores falam em "primeiro império dos Homens". Os termos conquista e império não são inadequados: nenhuma espécie ou grupo de espécies – nem mesmo carnívoros muito ecléticos como felinos e canídeos com disponibilidade de alimento – jamais ampliou suas zonas geográficas por territórios tão amplos e por tamanha diversidade de habitats.

O tronco *erectus*

Qual o formato da árvore da linhagem humana reduzida ao gênero *Homo*? De um grande tronco ou de vários grandes ramos? As árvores têm troncos muito diferentes, dependendo da espécie à qual pertencem, como os grandes carvalhos, que sobem reto até o céu antes de abrir suas copas, ou as densas aveleiras de troncos subdivididos em vários galhos-mãe desde o solo.

Até o fim do século XX, a imagem dominante da linhagem humana lembrava um grande pinheiro delgado, e o tronco *erectus* tinha em seu cume uma pequena folhagem que evocava a diversidade das populações sapiens atuais. Depois, acabamos por nos render às evidências: o tronco *erectus* era mais largo e mais curto, e permitia o desenvolvimento de uma folhagem mais rica com sapiens, neandertal, Denisova, Flores, Luzon, naledi e quem sabe outras a serem descobertas, lembrando um carvalho.

No entanto, e em razão da diversidade de hominídeos que precederam o surgimento do *Homo erectus* e da diversidade que acabamos de evocar após seu surgimento, é muito provável que o tronco se pareça muito com o de uma aveleira, embora ainda não seja possível apontar seus ramos principais devido a uma documentação fóssil insuficiente.

Um trecho hilário do livro *Por que almocei meu pai*, de Roy Lewis, coloca em cena o retorno à África de um tio que havia viajado para explorar o Velho Mundo. Como um Marco Polo do Paleolítico Inferior, ele narra suas aventuras e encontros com outras populações humanas. Seus ouvintes ficam surpresos ao descobrir a existência de tantas populações humanas espalhadas por tantos lugares e o fato de que elas também fabricavam ferramentas muito complexas e utilizavam o fogo... Uma pergunta que até hoje nos atormenta: os diferentes fósseis do Paleolítico Inferior do Velho Mundo formavam um único tronco, com uma única espécie marcada por diferenças regionais, ou essas diferenças caracterizavam espécies diferentes? É muito difícil responder a essa pergunta, pois embora tenhamos à nossa disposição um número cada vez maior de fósseis e sítios arqueológicos, ainda não dispomos de dados genéticos.

Primeiro precisamos compreender a história da evolução e da expansão do *Homo erectus* – que se torna, na parte ocidental do Velho Mundo (África, Ásia Ocidental, Europa), o *Homo heidelbergensis* – para num segundo momento compreender a história do surgimento e da coabitação de várias espécies humanas.

A onda olduvaiense

Primeiro enigma: se os *Homo ergaster* surgiram no período acheulense, a partir de 1,8 milhão de anos atrás, na África, com características rudimentares daqueles que seriam os verdadeiros homens biológicos e culturais, como explicar o fato de que os *não-erectus* portadores das técnicas olduvaienses foram os primeiros a sair da África, chegando à Ásia e, mais tarde, à Europa?

Embora as duas culturas apresentem um mosaico de relações nas camadas arqueológicas africanas, entre 1 e 1,5 milhão de anos atrás – sucessão, transição, sucessão alternada... –, não vemos isso acontecer fora da África, onde a transição parece ter sido mais rápida, ainda que não sejam conhecidas grandes séries estratigráficas que cubram longos períodos, com exceção de Atapuerca, na Espanha. De maneira bastante paradoxal, é na região à qual os homens chegam mais tardiamente, a Europa, que fica mais fácil seguir a evolução do *Homo erectus* para o neandertal. Os fósseis humanos próximos ao *Homo erectus são chamados Homo georgicus,* na Geórgia, às portas da Europa e da Ásia, *Homo paleojavanicus,* na Indonésia, *Homo lantaniensis,* na China, e *Homo antecessor,* na Europa.

Eles constituem espécies diferentes ou são variantes regionais de uma diáspora pré-*Homo erectus*? No estado atual de nossos conhecimentos, é difícil acreditar que se trate de uma mesma e única espécie, mas também é difícil acreditar que tenham existido tantas espécies, mesmo em extensões geográficas tão amplas e por um período de quase 1 milhão de anos. Os trabalhos mais recentes sobre a anatomia, a biometria e a amplitude de variação das características desses *Homo* não permitem uma resposta definitiva a essa pergunta, que fascina a paleantropologia há mais de um século, sobretudo desde que, nas últimas duas décadas, sabemos que várias espécies absolutamente humanas – com exceção do *Homo naledi* – sucederam o *Homo erectus* (sentido amplo).

Para nossos propósitos, admitiremos que uma primeira onda de homens saiu da África pouco depois de 2 milhões de anos e, tendo superado o estágio dos "primeiros homens", sem no entanto ter alcançado a condição completa de *Homo erectus,* migrou primeiro para a Ásia e, depois, para a Europa.

E de que modo se dá a evolução dos *Homo erectus* gráceis, como o *Homo ergaster*, para os *Homo erectus* robustos? Os *Homo georgicus* de Dmanisi, na Geórgia, estão ligados aos *Homo erectus*, ainda que devesse constar entre os "primeiros homens" e os *Homo non-erectus*, comprovando uma grande diversidade em mosaico.

Mais a leste, os fósseis ligados ao complexo olduvaiense são muito raros, ou muito fragmentários e fora de contexto arqueológico, como a controversa mandíbula de Longgupo. Podemos admitir que esses fósseis representavam variantes do *Homo georgicus*.

Esses "homens" estão em Java há 1,5 milhão de anos, como atestado pela criança de Mojokerto. Os primeiros *Homo erectus* foram descobertos nessa ilha, no final do século XIX. A evolução dos homens em Java, ainda que revisitada à luz de novas descobertas na África e na Ásia, é muito complexa devido a derivas genéticas causadas por seu isolamento do continente ou pela chegada de populações continentais graças a níveis muito baixos do mar durante os períodos glaciares, populações que vêm do continente em busca de ambientes sulinos mais amenos. De modo geral, segundo uma regra empírica do povoamento das ilhas, quando estas se veem novamente em contato com o continente, as espécies insulares desaparecem diante das espécies continentais, mesmo tendo sido separadas há pouco tempo (na escala de tempo geológico e evolutivo).

A Europa entra em cena na paleantropologia entre 1,5 e 1,2 milhão de anos: como explicar uma ocupação tão tardia, no mínimo 500 mil anos depois das primeiras saídas da África e da expansão para a Ásia? A pergunta é tanto mais perturbadora porque é nessa parte do Velho Mundo que fica fácil seguir a evolução do *Homo erectus* até o surgimento do *Homo heidelbergensis*. Até o momento, não sabemos a resposta. Existem alguns indícios arqueológicos de incursões mais antigas, de 2 milhões de anos, como no Maciço Central e alhures, mas não conhecemos fósseis humanos associados a eles e, principalmente, as datações não são confiáveis. De maneira geral, ainda que a Europa entendida como um continente geológico continue sendo um tema de discussões entre geógrafos e historiadores, ela é uma grande região favorável às evoluções endêmicas das espécies e das comunidades ecológicas, e a todo tipo de derivas genéticas. É justamente o que acontece durante o surgimento da linhagem neandertal.

Embora a tendência geral, na Europa, seja de movimentos populacionais de leste para oeste, em vez de em sentido inverso, uma das raras exceções refere-se à expansão dos neandertais, que acontece para o leste. Eis um exemplo da complexidade e da particularidade da evolução das espécies humanas, que continuam evoluindo segundo os mecanismos gerais da seleção natural mas também inventam modalidades bioculturais de adaptação.

De acordo com o que sabemos, ocorreram incursões de antigos *Homo* à Europa antes de 1,5 milhão de anos, mas sem implantações perenes. Mais tarde, entre 1,5 e 1,2 milhão de anos, as populações chamadas *Homo antecessor* consolidaram as bases bioculturais de uma linhagem de grande sucesso, a neandertal. Este, de fato, foi um processo clássico, pois nossa história tem inúmeros exemplos de populações recentes que fracassaram em suas primeiras implantações em novas terras, por razões biológicas e culturais, como no caso dos povoamentos das Américas. Nunca saímos dos processos bioculturais da evolução da linhagem humana, tanto ao longo da pré-história e da história quanto no mundo atual, em megalópoles ou nos planetas prometidos pelos transumanistas.

As culturas do Paleolítico Inferior

Embora os limites superiores ou recentes do Paleolítico Inferior estejam razoavelmente bem definidos, o mesmo não acontece com seus primórdios, que, nas camadas sedimentares da África, não cessam de recuar. Segundo os conhecimentos atuais, o Paleolítico começa na época dos australopitecos, em Lomekwi, na África Oriental, há cerca de 3,5 milhões de anos.

A mais antiga cultura paleolítica é chamada de lomekwiana. Suas ferramentas são muito simples: lascas brutas, sem retoques, obtidas por percussão dura, ou seja, batendo-se uma pedra sobre outra. As análises dos vestígios de desgaste revelam que eram usadas para cortar e raspar, sobretudo vegetais. Na época, os artesãos eram os australopitecos. Também sabemos que eles utilizavam pedras não lascadas como bigornas e martelos para quebrar nozes, como algumas populações de chimpanzés atuais, e sem dúvida para manipular outros vegetais, o que é menos frequente entre os chimpanzés.

Com os "primeiros homens" nasce a cultura olduvaiense, descrita nos anos 1960 junto com os *Homo habilis* de Olduvai, sempre na África Oriental. As ferramentas são maiores, obtidas por percussão dura. As técnicas de fracionamento, sempre por percussão, soltam lascas bastante grandes, muito afiadas e eficazes para raspar e descascar. Os blocos de sílex dos quais as lascas são extraídas se tornam trituradores eficazes para quebrar ossos ou vegetais, mas também para raspar, descascar, afiar... Os vestígios de desgaste revelam usos indiferenciados para matérias vegetais e animais. Concentrações dessas ferramentas são encontradas em torno de carcaças de grandes animais e dos ateliês de abate.

A aparente simplicidade dessas ferramentas requer rochas dotadas de propriedades físicas, conhecidas por esses "primeiros homens", que permitam a talha. Alguns grupos organizam expedições dedicadas à busca dessas jazidas de rochas, em torno das quais encontramos ateliês de talha. Os "primeiros homens" selecionavam as mais úteis ou eficazes segundo suas necessidades. A partir do olduvaiense, os "primeiros homens" acrescentam a expansão de matérias-primas à ampliação de seus recursos alimentares, com novos conhecimentos sobre os territórios e sua organização.

É preciso observar que essas ferramentas não surgem relacionadas ao consumo de carne e, outro cânone da pré-história, não foram inventadas pelos machos, do gênero *Homo* ou não. Tudo começa em função dos vegetais e, principalmente, em torno das mulheres, se nos reportarmos aos chimpanzés atuais, que quebram nozes. Do ponto de vista técnico e gestual, quebrar nozes para comer seu interior ou quebrar ossos para chegar ao tutano, ou crânios para chegar ao cérebro, é apenas uma questão de exaptação: uma adaptação adquirida num contexto e transposta para outro. Os vestígios de desgaste das ferramentas o atestam.

O acheulense emerge com o *Homo ergaster* e com os mais antigos vestígios de uso do fogo e também de habitações, na África Oriental e na África Austral. A caixa de ferramentas acheulense compreende tamanhos maiores e é mais diversificada, com bifaces e fendedores entre as mais típicas, e muitas variantes dependendo das camadas geológicas. O acheulense se dissemina por todo o Velho Mundo, entre 1,8 milhão de anos e 150 mil anos. Essa disseminação envolve diferentes espécies e populações humanas, dificuldades no acesso a matérias-primas dependendo das regiões, hábitos, derivas e inovações técnicas... Esse amplo complexo, companheiro da evolução biocultural do *Homo erectus* no Velho Mundo, é chamado de tecnologia de Modo II e apresenta, principalmente, a invenção de diferentes tipos de percussão dura (pedra sobre pedra) e macia (madeira, osso...), o que permite a criação de novas formas, com a retirada de lascas grandes e pequenas, espessas ou superficiais, e retoques finos.

Tais domínios técnicos produzem ferramentas mais especializadas e mais eficazes para usos variados e, o que é bastante importante, estéticos – os bifaces mais bonitos se distinguem pela escolha dos materiais e das formas, sendo portanto investidos de valores simbólicos. A partir dessa época, os homens transformam a matéria e o mundo com suas mãos e pensamentos.

Como vimos, não há uma transição muito nítida entre o olduvaiense e o acheulense. Dependendo dos sítios arqueológicos, podemos encontrar sucessões nítidas ou progressivas, influências (aculturações ou hibridações), alternâncias... Por observação, contatos ou trocas, populações habilis e ergaster tiveram um processo evolutivo em mosaico, comparável ao de suas evoluções biológicas. O mesmo acontece hoje, se observarmos nossas evoluções bioculturais e as diferentes maneiras com que as culturas atuais se empenham na revolução digital.

A denominação Paleolítico Inferior, definida nos primórdios da pré-história enquanto ciência do século XIX europeu, hoje engloba uma complexidade geográfica e temporal muito ampla, além da diversidade artesanal da pré-história. Embora a sequência, bastante cômoda, de *Homo erectus* no Paleolítico Inferior, neandertal no Paleolítico Médio e *Homo sapiens* no Paleolítico Superior ainda seja válida na Europa em linhas gerais, ela é muito mais complexa no caso da África e da Ásia. Hoje, os pré-historiadores se referem às técnicas de lascamento através da descrição de diferentes modos operatórios (Modo I, Modo II...). Eles seguem válidos para as técnicas e tecnologias atuais. A Idade da Pedra é muito mais complexa do que alguns – como os comentaristas que explicam a inteligência artificial mas desconhecem suas origens e sua diversidade – podem imaginar. Há várias Idades da Pedra, assim como há várias inteligências artificiais.

O tempo dos homens robustos

Como um Pequeno Polegar, seguimos a saída da África e a expansão do *Homo* graças às pedras que ele deixou no caminho. A pré-história ou a arqueologia pré-histórica pavimentam as vias de penetração das populações acheulenses. As ferramentas acheulenses são usadas como viático para seguir as peregrinações do *Homo erectus*, admitindo-se que suas populações estejam associadas às culturas acheulenses.

Mais uma vez, a associação pode parecer arbitrária. Mas mesmo para os períodos mais recentes da expansão das culturas humanas, como ao longo de nossa época histórica, muito recente em comparação à pré-história, as populações que se instalam em outras terras sempre o fazem com suas bagagens técnicas e culturais, propícias a todas as formas de aculturação e mestiçagem, do comunitarismo à integração mais exitosa. Os ensaios de Jared Diamond, especialmente *Colapso*, apresentam uma instrutiva diversidade de exemplos de populações migrantes que conseguem se instalar nos novos territórios com vantagens econômicas e culturais sobre as populações indígenas ou, o que é mais comum, que fracassam. Em oposição ao credo das ciências humanas, que afirma que, graças às culturas e às técnicas, a humanidade se emancipou das agruras da evolução, veremos que um bom número de características culturais se adaptam menos rapidamente do que os genes.

O acheulense surge na África a partir do complexo olduvaiense, como vimos, de maneira mosaica, da mesma forma que a evolução biológica entre "primeiros homens" e *Homo erectus*. Mais que ferramentas, é todo um complexo biocultural que coloca o *Homo* numa nova fase da evolução da linhagem humana, que podemos qualificar de realmente humana porque passa a referir-se apenas ao gênero *Homo*.

A tendência secular de crescimento da estatura se afirma, e mais ainda a robustez corporal. Os ossos longos dos membros adquirem espessuras consideráveis, o que também acontece com os ossos do crânio, inclusive os da abóbada craniana. De fato, eles são quase duas vezes mais espessos que os do homem moderno, o que é realmente impressionante, mesmo levando-se em conta a gracilidade de nossa espécie. O rosto e o tamanho dos dentes seguem diminuindo, principalmente em relação ao tamanho corporal. Esses *Homo erectus* medem cerca de 1,60 metro, são muito compactos e dotados de uma musculatura possante, a julgar pela profundidade das inserções tendinosas nos ossos. O volume do cérebro supera os mil centímetros cúbicos. Como explicar essa evolução?

Os *Homo erectus* adquirem, nessa época, um melhor domínio do fogo, sobretudo com novas técnicas de cozimento (madeiras, cascas, fibras, pedras, ossos...), que permitem ampliar sua gama de alimentos vegetais e animais. Eles também desenvolvem estratégias de coleta de recursos vegetais e animais mais eficazes e regulares. A divisão ou a complementaridade das tarefas é estabelecida segundo a idade, não por gênero. O mito da mulher ao lado do fogo rodeada de filhos e sem poder caçar é um dogma machista da Revolução Industrial que conhece seu apogeu durante o pós-Segunda Guerra Mundial, mito que formata o homem para o trabalho e a mulher para o lar. A esse respeito, basta ver ou rever o lugar conferido às mulheres nos filmes e nas séries dos anos 1950 a 2000, e o lugar atribuído a elas em séries de sucesso como *Game of Thrones*. Essa evolução cultural deveria exigir uma melhor formação dos paleantropólogos e dos pré-historiadores, demasiadamente influenciados pelos clichês dos "tempos modernos".

O lançamento de meu ensaio *Premiers Hommes*, contemporâneo de um filme sobre o mesmo tema, foi seguido de uma turnê pela França para falar com alunos. Entre as perguntas recorrentes, havia a seguinte: como uma mulher podia comandar um grupo de *Homo erectus*? No filme, havia de fato dois grupos de *Homo erectus* que se encontravam, um dirigido por uma mulher, outro por um homem. O fato de alunos de ensino médio e fundamental, bem como alguns professores, se sentirem incomodados por essa configuração diz muito sobre a força da ideologia da dominação masculina em nossas sociedades recentes, principalmente desde a emergência dos grandes sistemas filosóficos e teológicos, depois das invenções das agriculturas. Os genes não são os responsáveis por isso, e as ditas ciências humanas deveriam se instruir, em vez de atacar a biologia para compensar insuficiências conceituais e dogmáticas.

O tema da divisão das tarefas do cotidiano e dos gêneros ainda é muito delicado, e não resta a menor dúvida de que as sociedades humanas atribuem, por meio de diversos processos culturais – educação, religião, filosofia, ideologia, economia, reprodução social, histórias, artes etc. –, papéis sociais às mulheres e aos homens, papéis que aliás não necessariamente correspondem às diferenças biológicas. As ciências humanas se vangloriam de afirmar que é graças às culturas que podemos remediar as diferenças da natureza, mas elas é que as exacerbam – e acusam a natureza por essa exacerbação. O objetivo, aqui, não é defender um rousseaunismo ingênuo segundo o qual a natureza (ou nossa natureza) é boa e todos os males advêm das sociedades. Absolutamente. A questão, para além das diferenças biológicas, sobretudo entre mulheres e homens, é saber como as sociedades transformam essas diferenças em fatores de igualdade (ou desigualdade) – e eu acrescentaria, em relação às tendências atuais, que não é negando as diferenças biológicas que promoveremos a igualdade social, econômica, política e cultural. A história já provou que os totalitarismos sempre começam pela erradicação das diferenças biológicas e culturais.

A diversificação das tarefas do dia a dia é acompanhada de uma organização das áreas vitais, cada vez mais extensas. Os *Homo erectus* constroem abrigos, ocupam refúgios rochosos e bloqueiam as entradas de cavernas, além de dispor da proteção e do conforto adquiridos com o fogo, pois eles sem dúvida sabiam escolher diferentes tipos de combustível para iluminar, aquecer... Acentua-se a particularidade das sociedades de hominídeos como um todo, que se baseiam na fissão e na fusão dos indivíduos e dos subgrupos ao sabor das circunstâncias e das necessidades, com locais de residência mais perenes, outros mais sazonais, temporadas de caça etc.

Eles sem dúvida usavam roupas confeccionadas com vegetais (fibras, folhas, cascas etc.) ou peles de animais, cujo tratamento exige

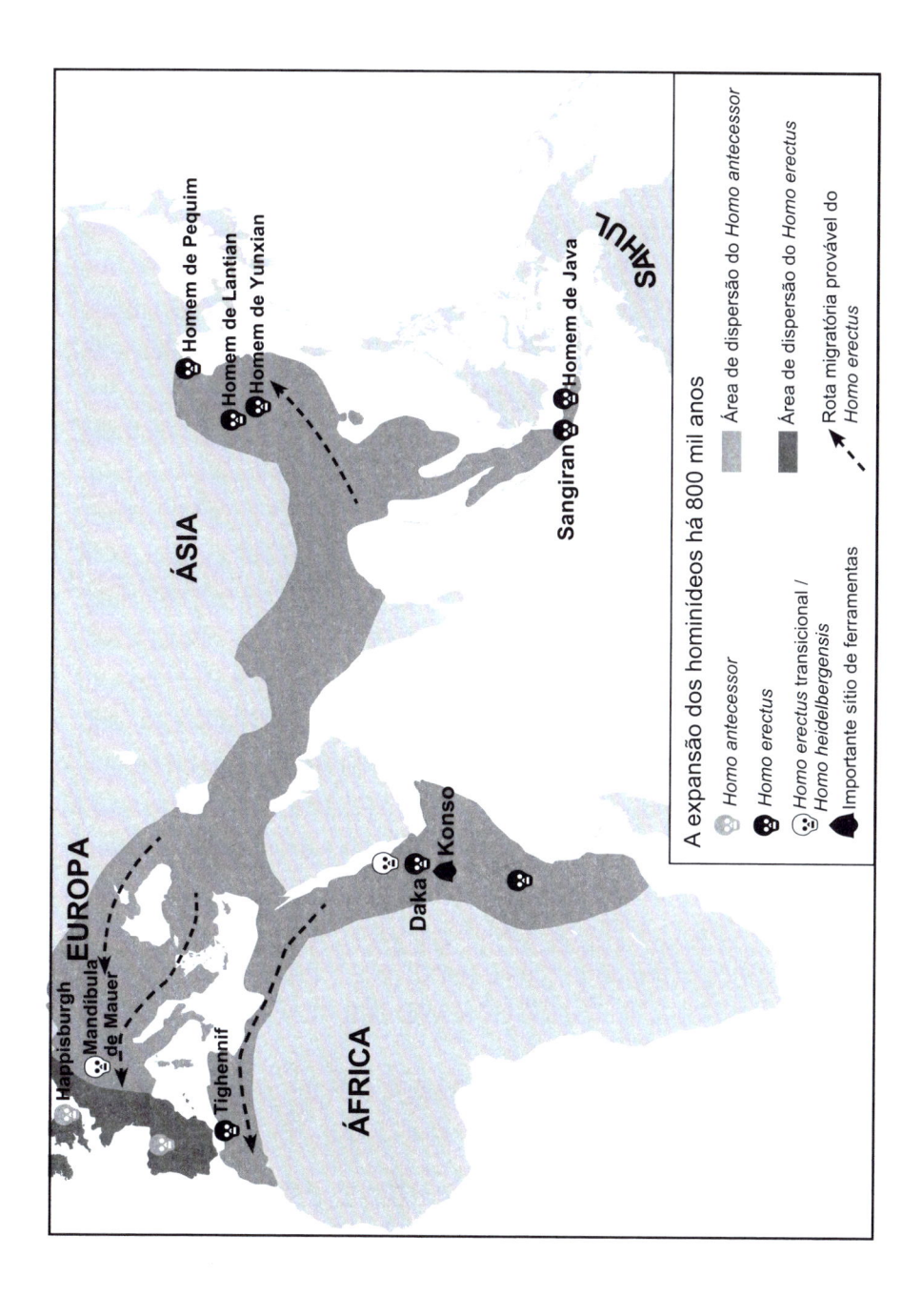

A expansão dos hominídeos há 800 mil anos

técnicas complicadas. A variedade de suas roupas está nos antípodas da pobreza iconográfica ainda em uso para representar as mulheres e os homens pré-históricos, com peles de animais jogadas sobre o corpo e outros farrapos ridículos. Esses arcaísmos culturais resistem ao olhar fresco da paleantropologia e da pré-história enquanto ciência.

Assim, o tamanho e a morfologia mais robustos, os cérebros maiores e as organizações sociais mais complexas, as roupas e os abrigos para a segurança, além das técnicas do fogo, favorecem a expansão cada vez mais ampla dos *Homo erectus* na direção de ambientes cada vez mais diferentes dos originais do *Homo*.

Esse movimento é acompanhado de uma primeira explosão demográfica, que ainda hesitamos em chamar assim. Ela não é espetacular, em termos de densidade – permanece de difícil avaliação, a partir de vestígios arqueológicos e paleantropológicos, devido à ausência de dados genéticos para esses períodos muito antigos –, mas é atestada, mesmo que somente pela expansão geográfica que a comprova.

Vários fatores contribuem para ela, apesar de uma lenta taxa de reprodução e, sem dúvida, de uma significativa mortalidade infantil. Esses fatores estão ligados ao nascimento de filhos com grande tamanho corporal e cerebral, que vêm ao mundo relativamente precoces. O desmame também acontece mais cedo, graças a organizações sociais com diversas formas de entreajuda e cuidados parentais e aloparentais. Somam-se a isso, por fim, a maior segurança em relação aos grandes predadores e a maior proteção conferida pelas moradias e pelo fogo. Estes dois últimos elementos contribuem juntos para a dinâmica demográfica do *Homo erectus*.

Homens robustos e homens pequenos

Com o passar de centenas de milênios, o Velho Mundo se transforma e tende a progredir cada vez mais na direção do planeta dos homens. No entanto, dispomos de poucos fósseis para seguir as migrações desses povos de *Homo erectus*. As variações dos níveis dos mares afetam pouco ou nada seus deslocamentos pelos continentes tal como os conhecemos hoje. Mas essas variações intervêm nas margens dos continentes e de grandes regiões hoje submersas, de onde emergem ilhas de diferentes tamanhos. De maneira regular e intermitente, populações humanas viviam entre a Europa continental e as "ilhas britânicas", nas vastas planícies da Sondalândia, que reuniam as "ilhas" da Sonda, e também por todos os planaltos continentais, principalmente nas costas meridionais e orientais da África e entre algumas ilhas atuais do Mediterrâneo.

Ao longo dos períodos glaciares, o nível dos mares desceu mais de 100 metros em relação ao nível de hoje. As populações humanas migraram para o sul, empurradas pela expansão das imensas calotas de gelo que cobriam o norte da Europa. Populações isoladas, como em Java, voltaram a entrar em contato com outras. Mais tarde, com a chegada de um período interglaciar, as ilhas voltaram a se formar. Com o tempo, as populações de todas as espécies entraram num processo de deriva genética. Essas alternâncias de isolamento e contato explicam a diversidade morfológica dos *Homo erectus* de Java – antigamente chamados de *Pithecanthropus*.

Enquanto isso, há cerca de 800 mil anos, segundo descobertas recentes, os *Homo erectus* da Espanha, ou *Homo antecessor*, percorriam a pé os estuários da costa oriental da Inglaterra, e, na outra ponta do Velho Mundo, *Homo erectus* vindos da parte oriental de Java chegaram à pequena ilha de Flores. Ora, qualquer que seja o nível dos mares, é impossível atravessar a *linha de Wallace* a pé. Mesmo os mamíferos que são bons nadadores, como cervos e tigres, ficaram isolados a oeste desta linha, depois da qual a primeira ilha é Lomboque.

Essa linha de demarcação dos mamíferos recebeu o nome de Russel Wallace, o coinventor da seleção natural junto com Charles Darwin e explorador das ilhas da Sonda. Ele observou que a oeste dessa linha vivem mamíferos placentários, e a leste dela mamíferos marsupiais. Tais observações fizeram de Wallace o pai da biogeografia (o estudo das zonas de distribuição das espécies), e toda a grande zona geográfica entre as pequenas ilhas da Sonda e a Austrália foi chamada de *Wallacea*. Ela é formada por um grande número de ilhas, que persistem mesmo quando o nível dos mares está muito baixo.

Durante os períodos glaciares, as ilhas de Bali, Sumatra e Java estavam ligadas ao continente. No entanto, qualquer que seja o nível das águas, um braço de mar sempre se mantém, com uma forte corrente entre Bali e Lomboque, onde passa a linha de Wallace, que separa as grandes e as pequenas ilhas da Sonda. Foi sem dúvida ali, entre Bali e Lomboque, que a humanidade fez uma pequena travessia de águas que, embora não fossem o Rubicão, representaram um grande passo na direção de sua conquista do mundo.

Os liliputianos de Flores e os homenzinhos de Luzon

Há cerca de 800 mil anos, os estegodontes – linhagem de elefantes hoje extinta – e os homens chegaram à ilha de Flores, cruzando a linha de Wallace. Graças à sua massa e à sua tromba, os elefantes são excelentes nadadores. Não podemos dizer o mesmo dos homens. A não ser que imaginemos que os *Homo erectus* tenham feito a travessia no dorso dos estegodontes, eles devem ter viajado a bordo de embarcações. Uma vez isolados na ilha, os estegodontes e os homens evoluíram: eles derivaram para o nanismo insular, e os primeiros se tornaram uma caça muito apreciada pelos segundos. O que os teria levado a fazer uma travessia de vinte quilômetros, portanto ao alcance dos olhos? Podemos imaginar uma erupção vulcânica violenta, que tenha obrigado os animais e os homens a buscar refúgio em outro lugar. Os elefantes nadam bem, e nada impede que uma travessia de pequenos grupos de *Homo erectus* tenha ocorrido. Nesse tipo de aventura, o mais difícil vem depois: sobreviver em ilhas de tamanho modesto onde os sistemas ecológicos são menos ricos, produzindo fenômenos evolutivos específicos e comuns a todas as ilhas.

Quando os mamíferos se veem isolados numa ilha de tamanho modesto e sem nenhum predador, os de grande porte se tornam anões e os de pequeno porte, gigantes. É o que chamamos, respectivamente, de nanismo e gigantismo insular. Mas esses termos não são totalmente apropriados. O nanismo provém de um gene que induz a um tamanho menor com desproporção entre as diferentes partes do corpo – como os membros curtos do elefante anão do Sri Lanka, que há pouco apareceu na mídia –, enquanto o gigantismo, devido à regulação de genes, privilegia certas partes do corpo em relação a outras, com aumentos chamados de acromegalias. As relações morfológicas entre o tamanho corporal e as diferentes partes do corpo são objeto de uma disciplina específica, a alometria. Os fenômenos do nanismo e do gigantismo insulares surpreendem porque não se assemelham às alometrias correntes, normais ou patológicas. Os animais atingem um tamanho na idade adulta, menor ou maior, de maneira proporcional (*Homo*tética). Esse fenômeno foi observado em todas as ilhas, inclusive no Mediterrâneo: cervos da Córsega, hipopótamos de Chipre, cervos de Hokaido, últimos mamutes do norte da Sibéria e, hoje, elefantes anões de Bornéu, ameaçados.

Os pequenos homens de Flores (*Homo floresiensis*) despertam vivas controvérsias desde que foram descobertos, em 2003. Ninguém contesta o fato de serem homens. No entanto, muitas lendas mencionam, há séculos, a existência de homenzinhos que saem dos bosques para saquear as aldeias e sumir discretamente. A polêmica gira em torno de quem foram os ancestrais desses *Homo floresiensis*. Seriam *Homo erectus* chegados há centenas de milhares de anos ou, mais recentemente, populações de *Homo sapiens* – de nossa espécie, portanto –, naufragadas na ilha há algumas dezenas de milhares de anos e cuja rápida evolução foi possibilitada pelos fenômenos das derivas genéticas? Mas esses homens "fizeram Flores" em outros lugares, nas pequenas ilhas da Sonda oriental, como Sumbawa, Roti e sobretudo Timor, a mais próxima da Austrália (que não aparece no campo de visão).

Seja como for, os pequenos homens de Flores reacendem várias lendas, como a dos liliputianos. Suas proporções corporais diferem das dos pigmeus atuais, cujo tamanho do cérebro se compara ao das outras populações de *Homo sapiens*, com pés proporcionais. Isso não acontece nos *Homo floresiensis*. Sua estatura não passa de 1 metro, o cérebro é muito pequeno e eles têm pés grandes, o que faz com que recebam o gentil apelido de *hobbits* na imprensa anglo-saxã. Não deixam de lembrar uma certa Lucy, a grácil australopiteca das savanas arborizadas da Etiópia, com idade superior a 3 milhões de anos. Mas esses espantosos pequenos habitantes de Flores (anatomicamente, mulheres e homens), desapareceram há apenas 13 mil anos. Por quê? Mais uma vez, alguns sugerem a hipótese da erupção vulcânica – estamos nas Ilhas da Sonda –, mas também, e mais provável, a hipótese de uma reação à chegada do *Homo sapiens*: a onda humana teria sido mais exterminadora do que a das lavas ou a de um tsunami.

Há pouquíssimo tempo, uma nova espécie humana foi descoberta na ilha de Luzon, a mais setentrional das Filipinas. De tamanho bastante reduzido, mas não tanto quanto as mulheres e homens de Flores, a espécie foi chamada de *Homo luzonensis* e apresenta uma combinação original de características dentárias e ósseas, ao menos para as raras partes que restaram, como as falanges do pé. Os molares poderiam ser de um *Homo erectus* tardio ou de um *Homo sapiens* de tamanho modesto. As falanges do pé condizem com a capacidade de subir em árvores, lembrando nesse ponto os australopitecos – tanto em Flores quanto em Luzon, as evoluções do pé desses homens insulares são surpreendentes. Datados de 50 mil anos, eles eram contemporâneos de sapiens, Denisova e Flores, portanto, para citar as espécies humanas conhecidas na região.

Quando chegaram, e como?

A presença de atividades humanas é atestada há mais de 700 mil anos em Flores, Luzon e Sulawesi (Celebes). Os arqueólogos encontraram sítios de abate com ossadas de animais com marcas de carneação e ferramentas de pedra, bastante rudes. Se estivermos falando de *Homo erectus*, eles não levaram consigo as ferramentas e as técnicas acheulenses. As hipóteses variam entre populações não--erectus chegadas antes disso ou *Homo erectus* que abandonaram suas técnicas, por falta de necessidade ou por falta de rochas propícias para esse tipo de manipulação. Uma coisa é certa: populações humanas ocupam as ilhas do sudeste da Ásia há no mínimo 800 mil anos.

Mas de onde elas vieram? As terras mais próximas são Taiwan, o sul da China e o Vietnã. Comparados a hoje, os níveis marítimos eram muito baixos durante os períodos glaciares mais severos. O frio empurrava as populações continentais para o sul e para essas ilhas que, mesmo ao alcance dos olhos, exigiam alguma navegação. Tais travessias, por mais modestas que fossem, eram raras: se não, como explicar as derivas genéticas insulares dessas populações, e como elas teriam conseguido sobreviver se espécies mais robustas como os *Homo erectus* ou os denisovanos tivessem tido a oportunidade de pisar nessas ilhas?

Pelo que sabemos hoje, o povoamento de Flores, Luzon e outras ilhas da Sonda é a prova mais antiga das travessias marítimas pelo gênero *Homo*, há mais de 800 mil anos. Migração voluntária ou deriva oportunista de um grupo de *Homo erectus* após uma crise vulcânica? Embora as costas dessas ilhas fossem mais próximas e ao alcance da vista devido ao baixo nível dos mares durante as eras glaciares, a travessia da linha de Wallace obriga os paleantropólogos a rever suas posições a respeito da complexidade das sociedades de nossos ancestrais.

Ecce Homo erectus

A onda acheulense, como vimos, evidencia a maneira como se dará a sequência da evolução do *Homo*, com coevolução biocultural, aumento do tamanho do cérebro e desenvolvimento das capacidades cognitivas, transformações do mundo por meio de ações e representações cognitivas, invenção de novas ferramentas e formas estéticas e simbólicas, ocupação de ambientes cada vez mais diferentes, dinamismo da demografia e novas organizações sociais.

Mas há outra coisa: o *Homo erectus* cria para si uma potência ecológica jamais observada na história da vida. E, ao contrário dos velhos clichês sobre mulheres e homens pré-históricos famintos, desgrenhados e à mercê dos quatro elementos e dos predadores, o *Homo erectus* domina seu ambiente e aqueles que o cercam. Os primeiros a pagar o preço são os grandes predadores, ou seja, os "primeiros homens" e os *Paranthropus*. A partir dessa época, a expansão do *Homo* começa a afetar a biodiversidade e os ecossistemas. Entramos no tempo dos homens – que não deixa de lembrar a máxima "Chegamos ao tempo dos homens", recorrente na ficção, como ao fim de *O senhor dos anéis*. A ficção e as sagas se misturam com a paleantropologia para evocar as esquecidas épocas de diversidade humana e para-humana – anões no lugar de australopitecos, orcs e goblins no de parantropos, hobbits no de "primeiros homens" ou homens de Flores, elfos no de neandertais – sem dúvida mais robustos.

Outra compreensão da humanidade antiga surge das camadas arqueológicas, diferente sobretudo de nossas representações arcaicas, limitadas pela dupla arrogância dos sapiens modernos e da ideologia de progresso. Quantas vezes já não ouvimos que aquelas mulheres e homens seriam menos inteligentes do que nós porque não tinham televisão, computador ou smartphone? Parece que, do primeiro biface aos robôs, nossa modernidade ou pós-modernidade se obstina em não compreender que as "ferramentas" não são simples prolongamentos de nossas capacidades naturais, tornando-se, com o tempo, mais eficazes, rápidas, exatas, potentes. Do acheulense à inteligência artificial, as ferramentas e as máquinas são obviamente feitas para isso. Mas continuamos negligenciando sua influência na sociedade, nos modos de produção e reprodução, e também de representação. A coevolução constitui um sistema autocatalítico que promove uma interação entre biologia, cognição, técnica e sociedade, levando cada grande período da humanidade a novos mundos reais e ideais. E tudo começa com o *Homo erectus*. Não é porque não conhecemos as línguas, os relatos e as representações de mundo dos *Homo erectus* em sua diversidade, e porque não captamos mais que raros reflexos desse mundo através de seus bifaces e corantes, que suas populações só se comportavam reativamente às pressões do ambiente. Embora não reste nenhuma dúvida de que as flutuações climáticas faziam com que essas populações se deslocassem segundo o eixo das latitudes, não podemos dizer o mesmo em relação ao eixo das longitudes. O fato de que os *Homo erectus* percorreram e depois exploraram e se instalaram em ecossistemas cada vez mais diferentes, com regimes sazonais mais marcados, comprova a existência de uma dinâmica adaptativa própria ao gênero *Homo*, possibilitada pela coevolução biológica e cultural.

A partir dessa base, o *Homo erectus* se desdobra em três grandes impérios: sapiens, na África e em parte do Oriente Próximo; neandertais, na Europa e na Ásia Ocidental; e denisovanos, sobre os quais ainda pouco sabemos. Embora não conheçamos o aspecto geral dos *Homo erectus*, não podemos dizer o mesmo de seus descendentes, que compõem uma humanidade que passa a ter vários rostos.

Três impérios humanos

Os hominídeos dominam o Velho Mundo e os *Homo erectus* se diversificam em três espécies. Três grandes focos da evolução do *Homo*, que se tornam nítidos no Velho Mundo ao longo do chamado Pleistoceno Médio, ou seja, entre 780 mil e 126 mil anos atrás. Entramos no planeta dos homens.

As tendências evolutivas descritas para o *Homo erectus* se confirmam em relação ao tamanho do corpo, à robustez da constituição física e, principalmente, ao tamanho do cérebro, que passa de 1,1 mil centímetros cúbicos a mais de 1,5 mil centímetros cúbicos, ou seja, é significativamente maior que o cérebro de nossa espécie atual (que tem 1,34 mil centímetros cúbicos, em média). Essas tendências obviamente não se referem às duas espécies insulares conhecidas até hoje – *Homo floresiensis* e *Homo luzonensis* – nem ao *Homo naledi*, na África Austral; elas são inclusive inversas no caso deles, provas fascinantes da plasticidade humana.

Como explicar uma tendência evolutiva generalizada, se os três grandes ramos do gênero *Homo* divergem em seus respectivos e imensos territórios? Ela é ainda mais espantosa devido ao fato de essas espécies humanas serem muito móveis, muitos adaptáveis e se espalharem por ambientes cada vez mais diversificados. Essas questões ocupam a paleantropologia desde seus primórdios, primeiro com os homens de Neandertal e demais homens europeus, como o *Homo heidelbergensis*, e de outras partes do Velho Mundo. Os paleantropólogos chineses, por sua vez, sempre reivindicaram a ideia de que o surgimento dos homens recentes naquela parte da Ásia não reproduzia o esquema europeu nem o esquema africano. Mas os fósseis e as indústrias líticas não permitiam decidir entre o modelo de uma origem africana dos homens atuais, os sapiens modernos, que teriam substituído brutalmente todas as outras espécies humanas depois de saírem da África, e o modelo das hibridações entre esses sapiens e populações de outras espécies já presentes na Eurásia. O aporte da paleogenética, o estudo das origens e da evolução a partir de amostras de DNA antigos retirados dos fósseis, é que demonstrou não apenas que existiram – e, principalmente, coexistiram – várias espécies humanas contemporâneas, mas de que modo elas puderam garantir suas respectivas dinâmicas populacionais e como elas interagiam. Uma tela muito mais rica, tecida pela paleogenética e pela paleogenômica com a trama geográfica e temporal fornecida pelos fósseis.

O caso *heidelbergensis*

Essa espécie, de contornos muito imprecisos, se situa entre os últimos *Homo erectus*, os primeiros neandertais da Europa, os primeiros sapiens da África e, mais globalmente, entre os últimos *Homo erectus* da parte ocidental do Velho Mundo – que compreende o Oriente Próximo e as regiões ao norte. Em outras palavras, o *Homo heidelbergensis* seria o último ancestral comum entre *Homo erectus*, neandertais e sapiens. Mas essa classificação não leva em conta a Ásia.

A descoberta, em 2004, de uma nova espécie fóssil a partir do DNA mitocondrial de uma falange encontrada na caverna de Denisova, nos montes Altai, no sul da Sibéria, lembrou os paleantropólogos de que uma parte importante de nossa evolução aconteceu também na Ásia. Então o *Homo heidelbergensis* poderia se situar entre os *Homo erectus* asiáticos e os sapiens de hoje?

A descoberta dessa espécie, nomeada a partir de uma mandíbula encontrada perto de Heidelberg, na Alemanha, no início do século XX, foi uma comodidade, ou melhor, aquilo que chamamos de cronoespécie, entre os últimos *Homo erectus* e as espécies mais recentes e bem identificadas. Essa concepção gradualista oculta processos evolutivos mais complexos e mais difíceis de serem evidenciados somente com fósseis, mas que se revelam graças aos aportes da paleogenética para o período seguinte.

Globalmente falando, os fósseis atribuídos ao *heidelbergensis* são encontrados na Europa e na África. Eles são homens de grande porte – entre 1,70 metro e 2 metros – e têm os ossos dos membros muito robustos. Seu volume cerebral varia entre 1,1 mil centímetros cúbicos e 1,3 mil centímetros cúbicos, ou seja, está muito perto do nosso. Seu rosto é incontestavelmente humano, com potentes reforços ósseos na altura da mandíbula e acima das órbitas. A abóbada craniana é bastante baixa, com protuberâncias ósseas marcadas, como na altura do occipício. Eles são homens robustos e fortes, portanto.

Até o momento, não foram encontrados no Oriente Próximo, ao menos não para o período mais antigo do Pleistoceno Médio. De fato, a análise precisa das características anatômicas permitida pela paleogenética situa os fósseis europeus na linhagem neandertal. Dispomos, na Europa, de uma sequência bastante documentada, com *Homo antecessor* – *Homo heidelbergensis (stricto sensu)* – *Homo neanderthalensis*.

Na África, admite-se que os *Homo heidelbergensis* delineiam o surgimento dos sapiens, mas não podemos seguir essa evolução com tanta certeza quanto na Europa devido à falta de fósseis e à ausência de dados paleogenéticos. Lá, esses homens são chamados de *Homo rhodesiensis* ou homens da Rodésia – quando se quer transformá-los em outra espécie.

Há uma falta crucial de fósseis na Ásia Ocidental e na Ásia Central, e é na China e na Indonésia que encontramos *Homo erectus* mais recentes e mais evoluídos. Isso quer dizer que a ausência de fósseis entre a Europa, a África e os extremos da Ásia comprovaria a separação geográfica de três grandes focos de emergência das espécies mais recentes, respectivamente neandertal, sapiens e Denisova?

Embora, de modo geral, a documentação fóssil nessa imensa região do Velho Mundo seja insuficiente para seguirmos a evolução do gênero *Homo*, o surgimento das três espécies seguintes supõe alguns períodos de isolamento e derivas genéticas. Estamos no coração das eras glaciares, e não faltam fases de expansão e regressão demográfica, com seu séquito de extinções e derivas genéticas.

Na ausência de dados genéticos antes de 400 mil anos, é impossível estimar se existiram gargalos de diminuição populacional entre 800 mil e 500 mil anos. Seja como for, é preciso admitir que os homens pré-históricos conhecidos e compreendidos dentro desse parêntese temporal representam uma fase de transição politípica que, embora ainda de contornos imprecisos, envolve um período crucial, com a emergência dos sapiens, dos neandertais e dos denisovanos. Mesmo sem a paleogenética, e sem entrar em detalhes, as características cranianas determinantes dessas espécies são comprovadas por vasta documentação para os neandertais da Europa, de maneira menos precisa para os sapiens da África e também da Ásia Oriental, se admitirmos que os *Homo erectus* recentes prenunciam os denisovanos.

Todas essas espécies e populações pertencem ao vasto complexo acheulense. As mulheres e os homens desse período de transição constroem abrigos às vezes muito grandes, em praias, lugares protegidos das intempéries ou entradas de cavernas com boa orientação solar. A presença sistemática de fogueiras atesta técnicas avançadas do fogo e de seus usos, como o cozimento. Eles selecionam os tipos de madeira para combustível conforme o uso desejado, para aquecimento ou iluminação. A análise detalhada de suas paragens de caça mostra que sabiam defumar a carne para conservá-la. Eles também dominavam o trabalho das peles e fabricavam roupas com todo tipo de matéria vegetal (cascas, folhas, fibras...).

O *Homo heidelbergensis* manifesta interesse por pedras bonitas e também por corantes, como o ocre.

Uma das descobertas mais espetaculares dessa época foi a do Poço dos Ossos (Sima de los Huesos), em Atapuerca, na Espanha. Os paleantropólogos chegaram a uma "câmara-ardente" com milhares de ossos que pertenceram a 32 indivíduos de ambos os sexos e de variadas idades, depositados ali intencionalmente, junto com um magnífico biface de quartzito vermelho chamado por seus descobridores de Excalibur. O sítio tem 400 mil anos, o que significa que os rituais em torno da morte eram ainda mais antigos, de 500 mil a 700 mil anos, se nos referirmos ao ancestral comum entre nós e os neandertais.

O *Homo heidelbergensis*, em sentido amplo, representa portanto uma transição muito importante na história da evolução humana, por afirmar uma revolução simbólica e cosmética, mas também por suas cosmogonias e interrogações sobre a vida e a morte.

O grande império dos neandertais

Embora os neandertais não sejam os primeiros europeus, suas origens são comprovadamente europeias, bem como a primeira fase de sua evolução antes da expansão rumo ao Levante e, como sabemos há pouco tempo, à Sibéria. De certo modo, eles realizaram o eterno sonho russo – imperial, soviético e atual: criar um grande império da Europa à Sibéria, e na direção do Oriente Próximo. Os neandertais fizeram isso.

Os mais antigos vestígios de ocupação humana na Europa aparecem entre 1,6 e 1,2 milhão de anos, primeiro na Espanha, depois na Itália. Tudo começa no sul, portanto. Os fósseis conhecidos são muito fragmentários. Eles descrevem homens bastante arcaicos, em algum lugar entre os *Homo erectus* de Dmanisi e aqueles que vão sucedê-los e substituí-los, os *Homo antecessor*. Embora tudo comece no sul, eles logo chegam ao norte – 58 vestígios de pegadas foram encontrados em Happisburg, na Inglaterra, e um dente de 800 mil anos foi descoberto em Suffolk. Depois é a vez do *Homo antecessor*, cuja relação com os fósseis mais antigos, de um lado, e mais recentes, do outro – *Homo heidelbergensis* –, não está muito clara. Na Itália, eles são chamados de *Homo cepranensis*.

O *Homo antecessor* tem uma constituição mais grácil que a dos *Homo erectus* e espécies mais recentes. O maxilar apresenta características próprias ao *Homo erectus*, e a mandíbula características encontradas no *Homo heidelbergensis*. O tamanho do cérebro foi estimado em 1,1 mil centímetros cúbicos.

Todos esses fósseis constituem um ramo dos *Homo erectus* europeus que lembra o *Homo ergaster* da África e o *Homo georgicus* da Geórgia. Todos os *Homo antecessor* pertencem ao vasto complexo olduvaiense. Eles são caçadores-coletores, é claro, com uma particularidade: o canibalismo. Trata-se de um canibalismo alimentar, e não oportunista, que é praticado por milênios. As vítimas preferidas são crianças e adolescentes. É o único caso comprovado de canibalismo desse tipo. Existem exemplos de consumo de carne humana na pré-história, mas não sabemos ainda se por práticas rituais em torno da morte ou por circunstâncias específicas ligadas a períodos de fome. Elas não têm nada a ver, em todo caso, com qualquer tipo de canibalismo gastronômico, organizado e sistemático.

Não é certo que esses pouco simpáticos *Homo antecessor* tenham evoluído na direção dos *Homo heidelbergensis* ligados à cultura acheulense. É possível que eles tenham sido substituídos por *Homo* mais durões.

Com o *Homo heidelbergensis*, os fósseis revelam uma evolução em mosaico na direção do *Homo neanderthalensis* entre 400 mil e 120 mil anos. As formas mais neandertais ocupam a Europa entre 120 mil anos e seu desaparecimento, que acontece entre 40 mil e 30 mil anos, com a chegada dos sapiens.

A anatomia dos homens do norte

A morfologia, a fisiologia e os modos de vida dos neandertais condizem com os de populações adaptadas às regiões frias. Estamos nos períodos glaciais, com alternâncias entre fases frias e amenas. Mas é durante os episódios glaciais que as populações são submetidas a grandes pressões de seleção, que levam a essas adaptações.

Os neandertais adquirem uma morfologia mais atarracada, com membros relativamente mais curtos. Trata-se de uma adaptação geral conhecida como "regra de Bergmann". A morfologia se refere ao tamanho e à forma, e formas mais "arredondadas" do corpo reduzem as superfícies em relação aos volumes, o que limita os desperdícios de calor. (Como no caso das espécies insulares, os humanos se adaptam segundo os mesmos processos que os outros mamíferos, o que também é favorecido por sua plasticidade.)

O crânio adquire um tamanho considerável e o rosto é levado para a frente, com uma expansão importante da região maxilar e dos sínus. Arcadas ósseas proeminentes encimam as órbitas. Tende-se a descrevê-las como excrescências maciças, embora elas sejam bem menos impressionantes do que entre seus ancestrais. A caixa craniana conserva a abóbada baixa e alongada, e contém um cérebro grande, com mais de 1,6 mil centímetros cúbicos. Os neandertais possuem o maior cérebro de toda a linhagem humana.

Para além de todas as caricaturas e de todos os clichês mais estúpidos veiculados sobre os neandertais – sem falar do paleorracismo herdado da ideologia de progresso –, poucas pessoas teriam condições de reconhecer, hoje, uma ou um neandertal caminhando por nossas ruas e vestido como nós.

A paleogenética descreve que tinham os chamados genes Hox, envolvidos no desenvolvimento de membros relativamente mais curtos. Outros genes indicam que eles tinham pele clara e cabelos ruivos, adaptações que facilitam a penetração dos raios ultravioletas necessários à síntese de vitamina D e à constituição de esqueletos robustos.

Ferramentas e túmulos

Os neandertais estão associados às indústrias líticas do Paleolítico Médio, com características próprias do musteriense. Os pré-historiadores descrevem uma ampla gama dessas indústrias, com variantes regionais e temporais. Os neandertais inventam novas ferramentas de pedra, sobretudo com lascas. Uma técnica muito particular, o talhe Levallois, consiste em preparar a ferramenta desejada num bloco de pedra e, com um golpe seco, destacá-la e afiá-la com retoques precisos com a ajuda de vários percutores macios.

Os neandertais constroem e preparam cabanas, tendas e abrigos. Em Morvan, assim como nas planícies da Ucrânia, eles utilizam presas e ossos de mamute como vigas, e cobrem as cabanas de peles.

Eles vestem roupas e sabem trabalhar as peles dos animais, conforme atestado pelo uso de costelas bovinas para raspá-las e amaciá-las. Eles se interessam por corantes, sobretudo pela cor preta do manganês. Some-se a isso o uso de ornamentos, como colares de conchas. Uma concha de vieira decorada e vários outros objetos revelam seus cuidados estéticos e mesmo sua curiosidade, como no caso da concha fóssil de trilobita descoberta na gruta de Arcy-sur-Cure.

Hoje conhecemos quase uma centena de túmulos neandertais. Os corpos estão deitados de costas ou em posição fetal, de lado. As lápides são esculpidas, a parte decorada é colocada de frente para o morto. Encontramos vários tipos de oferendas: ferramentas, restos de comida e até flores (reveladas por vestígios de pólen fóssil). A pequena necrópole da caverna de Shanidar, no Iraque, abrigava no mínimo oito corpos. Dois deles sofriam de deficiências graves de nascença e, mesmo assim, viveram mais de trinta anos, necessariamente com o auxílio de seus congêneres. Encontramos poucos vestígios de morte violenta, como na bacia de Kebara, ou de canibalismo, que não podemos distinguir se por ritual ou exigência alimentar circunstancial. Seja como for, estamos longe dos quadros sinistros dos selvagens desgrenhados e violentos da pré-história que talvez tenhamos aprendido.

Os neandertais são caçadores-coletores, mas principalmente, e acima de tudo, grandes caçadores. As análises isotópicas de suas ossadas confirmam um regime bastante carnívoro. Isso é normal nos ambientes frios, onde as principais fontes alimentícias vêm dos animais e muito pouco dos vegetais. Hoje em dia, observamos que quanto mais perto do círculo polar ártico as populações de caçadores--coletores vivem, mais seus recursos têm origem animal. O mesmo devia acontecer no caso dos regimes alimentares das populações neandertais, conforme fossem mais setentrionais ou mais meridionais, como no Oriente Próximo. Obviamente, elas não deixavam de consumir bagas, frutas e outras plantas durante estações e períodos climáticos mais amenos.

Alguns sítios arqueológicos revelam caçadores poderosos que utilizavam estacas e sobretudo lanças, encontradas entre as costelas de grandes mamíferos, como elefantes. Em dois sítios arqueológicos, um na Bélgica e outro na Rússia, os pesquisadores encontraram ossadas que indicam a domesticação de cães descendentes de uma espécie de lobo diferente da que gerou os cães de hoje.

Todos esses elementos contribuem para um outro retrato dos neandertais, bem mais humano do que costumávamos grosseiramente descrever. Além disso, eles tinham capacidades genéticas (gene FoxP2) e anatômicas (os hioides de Kebara) para a linguagem. E talvez cantassem ou fizessem música, a crer na flauta encontrada na caverna de Vindija, na Croácia.

Com os neandertais, a pré-história acontece em novos âmbitos.

A expansão geográfica

Os neandertais tiveram uma expansão geográfica jamais reproduzida por nenhuma outra espécie mamífera surgida na Europa, espalhando-se para o leste, rumo aos confins da China. Até recentemente, espantávamo-nos de encontrá-los na Rússia ocidental ou na Sibéria. Acreditávamos em algumas poucas incursões durante os períodos interglaciares, mas os dados paleogenéticos indicam períodos de ocupação bastante extensos, atestados pelas trocas de genes com as mulheres e os homens de Denisova.

Os neandertais nunca viveram isolados das outras populações humanas, sapiens e denisovanos. No Oriente Próximo, e mais ao norte, no corredor do mar Negro, eles conviveram e trocaram genes com os sapiens. Na Ásia Central e nos confins da Sibéria, fizeram o mesmo com as populações de denisovanos.

Ao que tudo indica, eles também tiveram contatos bastante frequentes com sapiens que se aproximaram das regiões do sul da Europa, como Grécia, Itália e Espanha. Distinguem-se três grandes regiões neandertais. A primeira, seu berço, concentrava-se na Europa Ocidental e na Europa Central. Nela viviam os neandertais clássicos, de características específicas marcantes, na França, na Bélgica e na Alemanha. Os que viviam mais a leste apresentavam características sem dúvida neandertais, mas não tão pronunciadas, do mar Negro à Sibéria, e também no Oriente Próximo. Por fim, os que poderíamos chamar de Club Med, viviam na Grécia, na Croácia, na Itália e na Espanha, e apresentavam características intermediárias entre os clássicos e os asiáticos.

No entanto, a dinâmica geográfica dos neandertais não foi acompanhada de uma grande dinâmica demográfica. A paleogenética descreve uma diversidade genética fraca e populações de baixa densidade. Esta também é uma característica de povos essencialmente caçadores de regiões frias, que precisam explorar vastos territórios para encontrar presas suficientes.

Então como explicar que uma espécie humana com tantas adaptações biológicas, cognitivas, técnicas e culturais, capaz de instalar-se em zonas geográficas tão gigantescas e coabitar por mais de 100 mil anos com outras espécies humanas, tenha desaparecido?

O misterioso império denisovano

Em 2010, a falange de uma criança de cinco a sete anos de idade foi encontrada na caverna de Denisova, nos montes Altai. Seu DNA mitocondrial revelou a existência de outra espécie humana, contemporânea de neandertais e sapiens.

Sabemos tratar-se de uma menina, o que não é óbvio em razão de sua robustez. O mesmo pode ser dito de um dente, um molar superior muito grande, cujo DNA confirma tratar-se de uma nova espécie. Uma mandíbula encontrada mais recentemente, proveniente de outro sítio arqueológico, no planalto tibetano, em Xiahe, confirma a existência dessa espécie asiática, chamada *Homo denisovensis*, tão robusto quanto as outras espécies contemporâneas a ele.

As datações indicam sua presença temporal entre 160 mil e 40 mil anos. Mas o fato de DNA denisovano ter sido encontrado num indivíduo neandertal de 400 mil anos, na Espanha, confere a ele uma existência temporal comparável à dos neandertais. Os dados genéticos, mais precisamente de DNA nuclear (nDNA), mostram que o *Homo neanderthalensis* e o *Homo denisovensis* compartilham um ancestral comum exclusivo de aproximadamente 400 mil anos; em outras palavras, eles pertencem a espécies irmãs.

Um problema se apresenta: que espécie representa o tronco comum? O *Homo heidelbergensis* e seus próximos?

Até o momento, os fósseis conhecidos e suas datações nos fornecem uma vaga ideia da expansão temporal e geográfica dos denisovanos. Os dados genéticos indicam sua presença no Sudeste Asiático, onde eles se hibridizam parcialmente com os sapiens, mas não na Sibéria oriental, onde não encontramos essas trocas genéticas. Em contrapartida, observamos muitas trocas desse tipo com os neandertais, como nos ossos de uma adolescente da caverna de Denisova, de pai denisovano e mãe neandertal (das populações neandertais ocidentais). Esse é um caso único do testemunho fóssil de hibridação de primeiro grau. As camadas arqueológicas da caverna, de fato, descrevem vários níveis de ocupação por denisovanos e/ou neandertais.

Como veremos, o fato de denisovanos terem trocado genes com neandertais e sapiens confirma a existência de uma espécie amplamente disseminada pela China atual, pelo Tibete e pelo Sudeste Asiático. Embora encontremos o DNA denisovano entre alguns neandertais da Europa, eles não parecem ter se expandido para o oeste e seus genes parecem ter sido transportados pelos neandertais que peregrinavam para o oeste.

Ainda segundo a paleogenética, sua densidade populacional era sensivelmente maior que a dos neandertais. Como estes, eles eram caçadores-coletores, mas com certeza recorriam a aportes mais consequentes de alimentos vegetais, ainda desconhecidos, especialmente as populações do Sudeste Asiático.

É paradoxal sabermos tanto sobre os denisovanos e tão pouco sobre sua morfologia. Mas, desde que eles foram descobertos, alguns se perguntam se fósseis chineses como os de Jinniushan, Dali e Maba, com datações entre 280 mil e 130 mil anos, não seriam denisovanos. Todos apresentam características anatômicas robustas e particulares que condizem com essa hipótese. Nesse caso, o tamanho de seu cérebro estaria entre 1,1 mil centímetros cúbicos e 1,4 mil centímetros cúbicos, como seus contemporâneos sapiens arcaicos ou como os pré-neandertais. Isso também confirmaria as análises de muitos paleantropólogos chineses, que, há muito tempo, afirmam que a evolução naquela parte da Ásia difere daquela que acontece na parte ocidental do Velho Mundo. O mesmo pode ser dito a respeito dos célebres *Homo erectus* de Zhoukoudian, entre outros, que descendem em parte dos denisovanos e apresentam características específicas.

As ferramentas dos denisovanos pertencem ao vasto complexo musteriense, ligado aos neandertais, mas lembram o Paleolítico Superior, até então atribuído aos sapiens, com objetos de marfim, fragmentos de presas de mamute, cascas de ovos de avestruz ou fragmentos de um bracelete de clorite verde-escuro e, realmente surpreendente, de uma agulha de costura. Seus níveis arqueológicos são mais recentes, e correspondem, na Europa e na África, ao Paleolítico Médio e ao início do Paleolítico Superior. Sem nos arriscarmos demais, podemos afirmar que as populações denisovanas faziam parte do complexo acheulense.

Nos sítios arqueológicos chineses, sobretudo no de Zhoukoudian, observamos que eles dominavam o fogo e ocasionalmente praticavam o canibalismo. De modo geral, sempre falta aos fósseis humanos do *Homo erectus* na Ásia, em sentido amplo, a base do crânio – que constitui o acesso mais fácil ao cérebro. Difícil afirmar um canibalismo circunstancial, mas não sabemos se poderia ser um canibalismo ritual. Seja como for, a arqueologia não descreve um canibalismo alimentar como entre os *Homo antecessor* na Espanha.

Ainda há muito a ser descoberto a respeito dos denisovanos, que legaram seus genes às atuais populações do Tibete e da China ocidental, e também às do Sudeste Asiático e, sobretudo, da Austrália e da Melanésia.

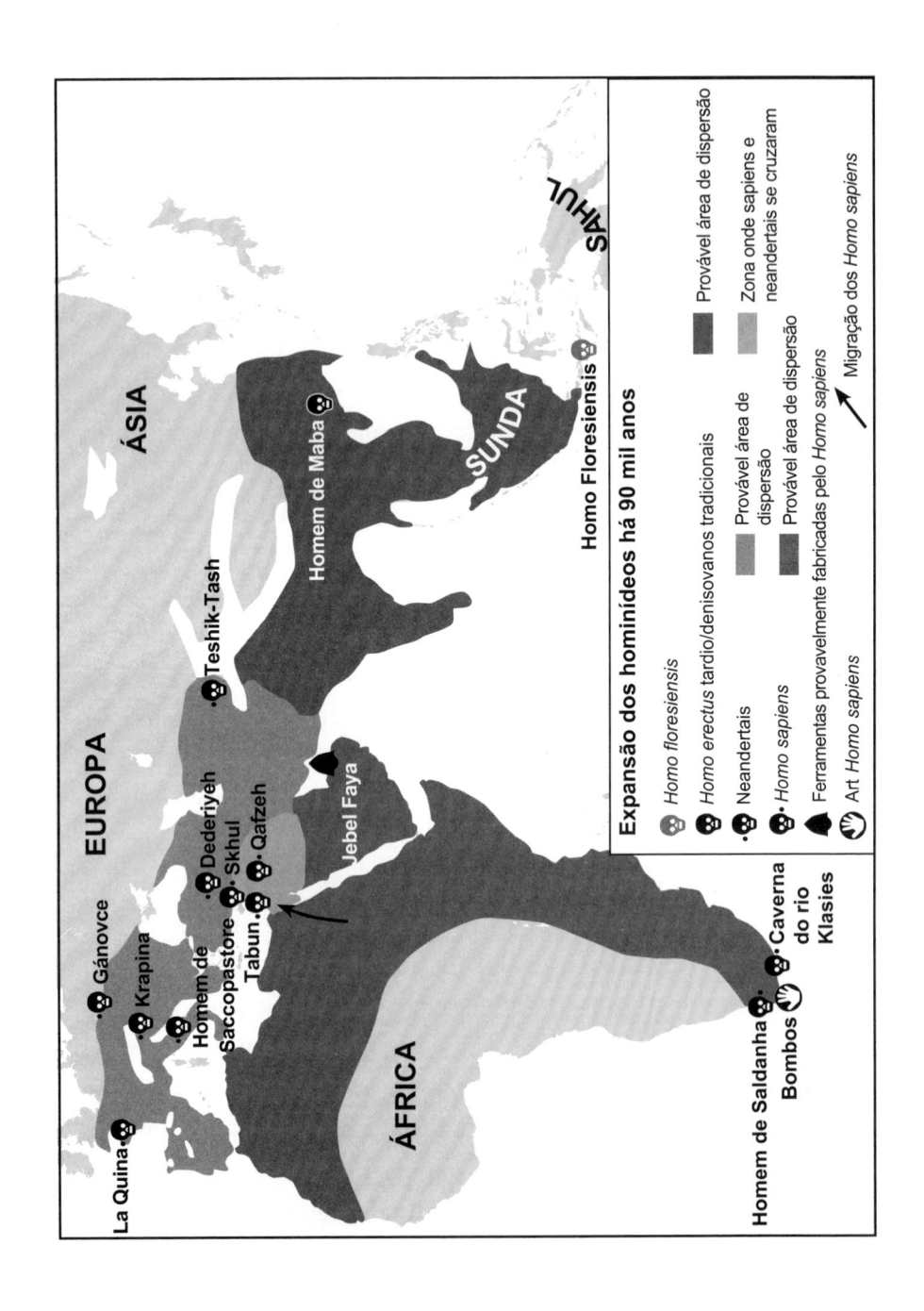

Sapiens contra sapiens

Expansão dos hominídeos há 90 mil anos

- *Homo floresiensis*
- *Homo erectus* tardio/denisovanos tradicionais
- Neandertais
- *Homo sapiens*
- Ferramentas provavelmente fabricadas pelo *Homo sapiens*
- Art *Homo sapiens*

- Provável área de dispersão
- Zona onde sapiens e neandertais se cruzaram
- Provável área de dispersão
- Provável área de dispersão
- Migração dos *Homo sapiens*

ÁFRICA · EUROPA · ÁSIA · SUNDA · SAHUL

La Quina · Gánovce · Krapina · Homem de Saccopastore · Dederiyeh · Teshik-Tash · Skhul · Tabun · Qafzeh · Jebel Faya · Homem de Maba · Homo Floresiensis · Homem de Saldanha · Bombos · Caverna do rio Klasies

O império sapiens, da África ao Velho Mundo

Há dois anos, paleantropólogos anunciaram a descoberta de magníficos fósseis de *Homo sapiens* arcaicos no sítio arqueológico de Djebel Irhoud, no Marrocos. Com datação de 300 mil anos, eles foram apresentados como os mais antigos sapiens conhecidos. Uma descoberta incrível, visto que o mesmo sítio já havia fornecido vestígios de nossa espécie, mas em condições imprecisas de escavação e com incerteza de datação. Amplamente falando, e até o anúncio dessa descoberta, este era um problema recorrente em relação aos mais antigos fósseis do sapiens na África, com exceção dos descobertos em escavações recentes.

Os paleantropólogos não ficaram surpresos com a descoberta, muito esperada. Todas as análises filogenéticas, que estabelecem relações de parentesco entre as linhagens e suas datas de divergência, levam à conclusão de que as origens do sapiens estão na África, tanto a partir dos genes quanto das línguas. No entanto, até pouco tempo atrás, antes do desenvolvimento da paleogenética, embora soubéssemos que todas as populações humanas atuais haviam surgido na África antes de se dispersarem pela Eurásia, pouco sabíamos sobre as que as haviam precedido, na África, antes de 200 mil anos. Foi nesse momento que o mais antigo *Homo sapiens* foi descoberto, em Djebel Irhoud, e que, independentemente dessa descoberta, análises filogenéticas indicaram que, depois dos *Homo erectus* tardios da África – homem da Rodésia, ou *heidelbergensis* africano –, dois grandes ramos do gênero *Homo* se separaram por volta de 800 mil anos: um africano, que levou ao surgimento do *Homo sapiens*, outro eurasiano, que, por volta de 400 mil anos, se dividiu entre neandertais na Europa e denisovanos na Ásia Oriental.

Os mais antigos fósseis atribuídos ao *Homo sapiens* foram encontrados, portanto, na África do Norte, na África Austral (Saldanha) e na África Oriental (Omo Kibish). Esses sítios arqueológicos formam

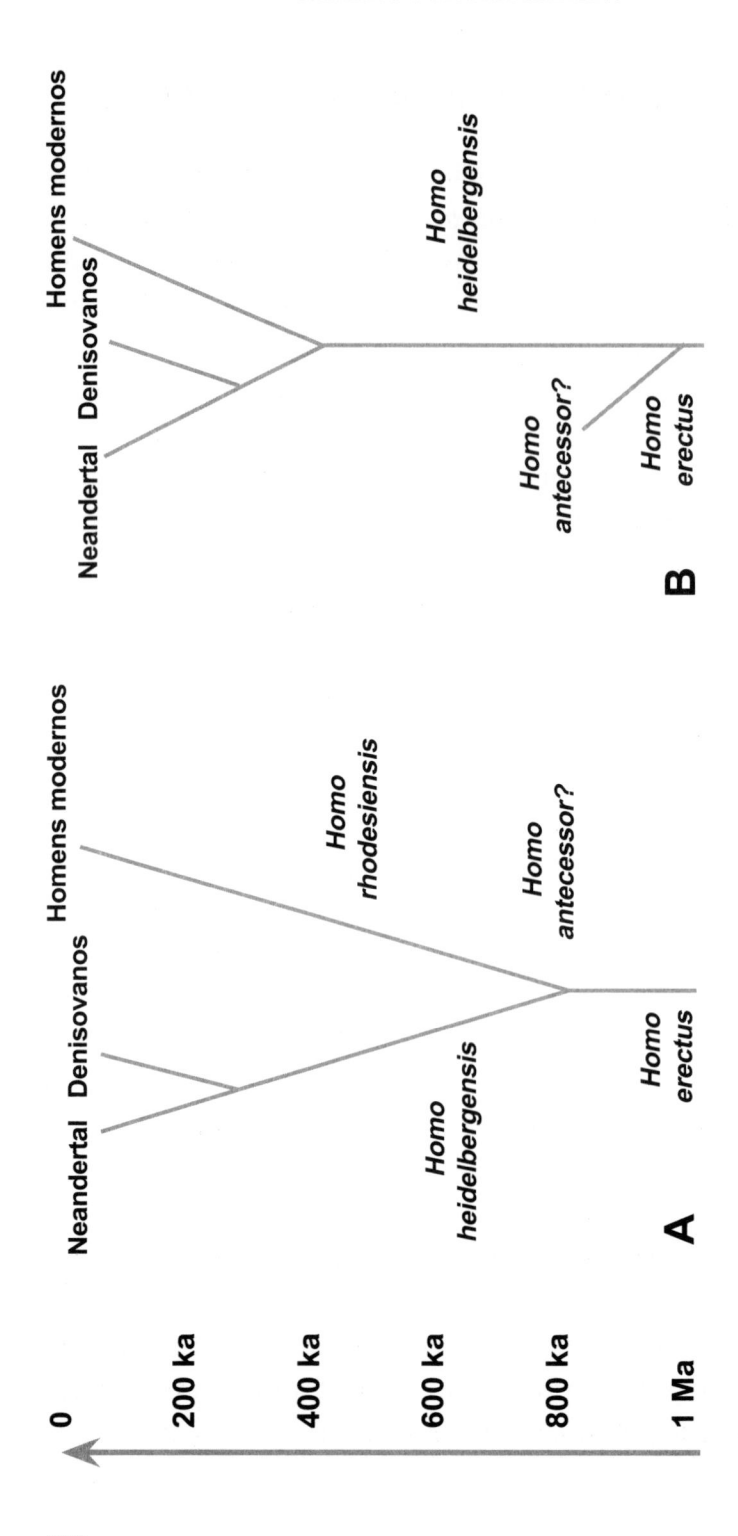

As duas hipóteses atuais para o surgimento das diferentes espécies humanas ao fim da pré-história.

os vértices de um triângulo que engloba todo o continente, o que significa que, já entre 300 mil e 200 mil anos, populações sapiens circulavam mais ou menos por toda parte. Ainda é difícil dizer se as origens do sapiens se encontram nesta ou naquela região, mas elas com certeza remontam a mais de 400 mil anos. De todo modo, as origens dos sapiens mais antigos são africanas.

Os chamados sapiens arcaicos, ou mais antigos, surgem depois de um período geológico muito pouco documentado. Pouco sabemos sobre a transição dos últimos *Homo erectus*, ou *heidelbergensis* africanos, para os mais antigos sapiens conhecidos. Além disso, as condições de fossilização não favorecem a conservação de DNA, o que significa que não podemos recorrer à paleogenética. Felizmente, novos métodos e comparações genéticas entre populações africanas atuais nos trazem algumas informações.

Pouco antes do surgimento dos sapiens, entre 500 mil e 400 mil anos, os humanos que os precediam parecem ter recebido genes de uma espécie africana arcaica ainda desconhecida. Depois do surgimento dos primeiros sapiens – cujos fósseis ainda são desconhecidos –, vários ramos de nossa espécie, existentes até hoje, como povos coisãs, sãs e outros, se individualizaram. Um dos argumentos a favor de nossas origens africanas afirma que é justamente na África subsaariana que encontramos as maiores diversidades genéticas e linguísticas. Em geral, as populações ou linhagens de uma espécie costumam ser mais diversificadas em seu berço geográfico de origem.

Hoje, portanto, as origens do sapiens são bem conhecidas, ancoradas na África entre 500 mil e 400 mil anos. A seguir, vários ramos se separam, ainda na África. Atestados entre 300 mil e 150 mil anos, fósseis dos chamados sapiens arcaicos foram encontrados nos três cantos do continente e, uma novidade, no Oriente Próximo – essas foram as primeiras incursões para fora da África dos sapiens, bloqueados no nordeste pelos neandertais. Surgem então os chamados sapiens modernos, ou anatomicamente modernos. Entre os mais conhecidos, os homens de Qafzeh, em Israel, de 110 mil anos. A partir dessa data, a paleogenética assume a dianteira e permite o enriquecimento das descobertas.

Genes e amores interespécies

Sem entrar nos detalhes dos métodos ou materiais genéticos e moleculares estudados pelos paleogeneticistas – DNA nuclear, DNA mitocondrial, cromossomo Y, paleogenômica, imunológicos... –, uma história cada vez mais complexa das relações entre sapiens, neandertais e denisovanos se desenha graças à antropologia molecular. Voltemos à África.

A linhagem sapiens surge, como vimos, há cerca de 500 mil anos. No entanto, os pré-sapiens não estavam sozinhos. A antropologia molecular revela o aporte genético de populações humanas antigas que teriam se separado previamente das populações dos futuros sapiens há cerca de 1 milhão de anos. Essa espécie ainda precisa ser identificada por meio de fósseis. Estamos na mesma situação de Denisova, com uma espécie mais conhecida por seus genes do que por seus ossos, e de Djebel Irhoud, com um quadro filogenético orientando as pesquisas e a buscas por fósseis.

Uma questão se coloca: como explicar que espécies que divergiram há mais de 500 mil anos possam novamente trocar genes? Pois, por definição, uma espécie biológica reúne populações de indivíduos que podem se reproduzir entre si, tendo portanto uma descendência viável. Essa definição não é colocada em causa, mas os limites entre as espécies variam; estamos falando de biologia, não de física e menos ainda de matemática. Por que dizer isso? Porque é muito comum geneticistas desprovidos de cultura evolucionista – o cúmulo – afirmarem, por exemplo, que os neandertais não representam outra espécie e não desapareceram porque conservamos alguns de seus genes. Dizer isso é o mesmo que não entender a evolução; esta não se resume a genes e indivíduos, ela concerne populações e suas variações. As barreiras entre as espécies são variadas, das menos às mais custosas:

Barreira sexual: incompatibilidade entre órgãos genitais ou ausência de atração sexual (feromônios, comportamentos...). Ausência de relação sexual interespécie.

Infecundidade: número de cromossomos difere; incompatibilidades genéticas. Ausência de fecundação ou aborto espontâneo.

Barreira ecológica: as populações das duas espécies ocupam nichos ecológicos separados em territórios comuns. As diferenças passam pelas horas de atividade, alimentos etc. Hibridações são possíveis.

Barreira geográfica: as populações e os indivíduos não se encontram. Mas, quando o fazem, podem se hibridizar, como os chimpanzés e os bonobos separados pelo rio Congo. As espécies são geográficas. Quando os indivíduos se encontram, hibridações são possíveis.

Barreira etológica: diferenças comportamentais fazem com que, por exemplo, os cortejos sexuais fracassem entre machos e fêmeas de espécies diferentes. É o que costuma acontecer com os híbridos de espécies geográficas ou com espécies que divergiram ecologicamente segundo um ancestral comum recente. Inversamente, acontece de espécies se formarem num mesmo território por divergências comportamentais, o que chamamos de especialização simpátrica, ou de surgirem duas espécies a partir de uma mesma espécie ancestral num mesmo território. Mas o caso mais frequente de especiação é a especiação alopátrica ou geográfica, por separação geográfica, isolamento e derivas genéticas.

Não viabilidade dos híbridos: os filhotes nascem, mas morrem entre a infância e a idade de reprodução. O custo do investimento é muito alto.

Infertilidade dos híbridos: os indivíduos têm vidas normais, mas são inférteis, a exemplo das mulas e dos burros entre jumentos e cavalos.

Os babuínos atuais ilustram a diversidade de relações entre espécies que compartilham ancestrais comuns recentes e gozam de grande dinâmica adaptativa. As diversas espécies de babuínos vivem em ambientes florestais densos (drils e mandrils na África Ocidental), em savanas mais ou menos arborizadas (babuínos-amarelos, babuínos-anúbis, babuínos-chacmas) e em zonas semidesérticas (babuínos-gelada, babuínos-sagrados). Sua dispersão geográfica desenha um grande arco geográfico em torno da grande floresta tropical da África Central.

Observamos zonas-tampão entre as zonas geográficas das espécies de babuínos, onde as hibridações são correntes. Os híbridos podem formar populações bastante importantes, mas as condições ecológicas limitam sua expansão, e seus comportamentos tornam mais difícil o acesso a parceiros sexuais de uma ou outra espécie parental, ou das duas. Na verdade, não há ruptura genética total de uma espécie à outra, ligadas por zonas híbridas mais ou menos importantes. Em contrapartida, toda relação sexual entre espécies distantes é infértil devido a evoluções genéticas e comportamentais mais divergentes. É a especiação por distância ou em anel. A especiação por distância concerne a distribuição geográfica "linear" das diferentes espécies – como no caso dos babuínos – e a especiação em anel, a zona central das populações de uma espécie e as mais afastadas dessas espécies, às margens dessa distribuição geográfica – como entre os humanos, como veremos. É nessas zonas periféricas que encontramos híbridos e processos de introgressão: a captação por uma espécie de genes de outra espécie bastante próxima, ou seja, com um ancestral comum recente.

A noção de espécie evolui. A compreensão clássica da adaptabilidade das espécies favorecia as populações mais centrais e considerava as populações na periferia, confrontadas a condições ambientais diferentes, representantes dos limites adaptativos da espécie. É verdade, mas não necessariamente em razão de sua adaptabilidade própria, e sim porque elas encontram populações de outra espécie, relativamente mais bem-adaptadas, sobretudo devido à coadaptação com as outras espécies, como os agentes patogênicos. Essa lógica da adaptação supunha, portanto, que as populações periféricas participavam marginalmente da adaptabilidade da espécie, e os híbridos menos ainda. Na verdade, é justamente o oposto. As populações periféricas reforçam a adaptabilidade da espécie por meio de suas diferenças genéticas e comportamentais, aumentando a diversidade, do mesmo modo que os genes captados por introgressão com populações de espécies vizinhas no caso dos híbridos.

Foi assim que, há mais de 500 mil anos, a futura linhagem sapiens recebeu genes de outra espécie, ainda desconhecida. A África Central seria o mais antigo centro conhecido de hibridação e introgressão do sapiens. (Acontecimentos do tipo sem dúvida abundaram entre os australopitecos, entre os primeiros homens e em torno do *Homo ergaster*, mas eles são impossíveis de rastrear sem o DNA fóssil; seguimos à espera da descoberta de novos métodos.) Não há nada surpreendente nisso, pois várias espécies humanas coexistiram na África entre 1 milhão e 500 mil anos: *Homo ergaster* tardios, *Homo rhodesiensis*, *Homo naledi* ou outros. Não conhecemos seus genes em razão da degradação das moléculas orgânicas em regiões quentes.

Durante esse mesmo período, na Eurásia, conhecemos muito pouco da evolução da linhagem comum que, por volta de 400 mil anos, produziu os neandertais a oeste e os denisovanos a leste. Segundo os dados paleogenéticos dessas duas espécies, seu tronco comum parece ter sido marcado pela baixa demografia. Ela explicaria o pequeno número de fósseis encontrados e a divergência entre as duas espécies irmãs.

Os sapiens saem da África

As três grandes linhagens que levaram aos neandertais, aos denisovanos e aos sapiens se individualizaram, afirmando suas divergências, a partir de 500 mil anos atrás. Populações dessas espécies necessariamente se encontraram no Levante, sem dúvida com múltiplas formas de hibridação e introgressão, como a presença de DNA de Denisova entre os pré-neandertais da Espanha, há 400 mil anos. Mas esses vestígios ainda não foram identificados entre neandertais e sapiens para esse período.

Segundo os fósseis, uma primeira expansão dos sapiens arcaicos acontece no Levante e na península arábica por volta de 200 mil anos, também sem deixar vestígios de hibridações, o que não significa que elas não tenham acontecido. Por volta de 100 mil anos, as coisas mudam. No Levante, os sítios arqueológicos comprovam mais de 50 mil anos de presenças alternadas e/ou simultâneas de neandertais e sapiens, como nas cavernas do Monte Carmelo, em Israel. É nessa região do Levante, e mais ao norte, no corredor do mar Negro, que sapiens e neandertais se encontram. Este é o segundo grande centro de hibridação do sapiens.

As populações sapiens que vêm da África se hibridizam em parte com populações sapiens mais antigas, da primeira onda. Elas captam por introgressão genes que favorecem sua resistência aos agentes patogênicos com os quais elas não coevoluíram. Depois, na direção norte, elas encontram populações neandertais. Ao sabor das introgressões, as populações sapiens captam os genes para a pele clara, favorecendo a absorção de raios UV necessários para a síntese de vitamina D. Além disso, muitos genes provenientes de nossos amores passados com os neandertais intervêm em diversas patologias atuais: diabetes, doenças imunológicas, doença de Crohn, obesidade e patologias cerebrais ou psicológicos, como a esquizofrenia... Em contrapartida, certos tipos de DNA não são encontrados entre os sapiens atuais da Europa e da Ásia Ocidental, como os genes envolvidos no desenvolvimento e funcionamento dos testículos, no cromossomo X. Eles são cinco vezes menos representados entre os neandertais, indicando uma perda significativa de fertilidade dos homens híbridos.

Essas introgressões ocorrem por volta de 70 mil anos no Oriente Próximo e no corredor do mar Negro. Os genes neandertais dos genomas europeus atuais são aparentados aos dos neandertais de Vindija, na Croácia, e de Mezmaiskaya, no corredor do mar Negro.

Depois chega a terceira onda sapiens, que acaba suplantando os neandertais europeus. Dessa vez, porém, não há vestígios de introgressões. Por quê? As transferências de genes eram possíveis entre 100 mil e 70 mil anos porque as populações das duas espécies haviam divergido menos que as populações dos períodos mais recentes, e sem dúvida em virtude de hibridações recorrentes por dezenas de milhares de anos no Oriente Próximo e no corredor do mar Negro. Por outro lado, mais ao norte e a oeste para as populações neandertais da Europa ocidental, e mais ao sul para as populações sapiens na África, o processo de divergência se consolidou. Encontramos um duplo processo de especiação por distância, no tempo e no espaço. E quando essas populações se encontram, há cerca de 40 mil anos, na Europa – os sapiens invadem os neandertais –, as introgressões não podem mais acontecer; sem dúvida não por falta de encontros amorosos.

Hoje, as populações sapiens da Europa e da Eurásia ocidental conservam em seu genoma de 1,5 a 2,1% de genes neandertais. É pouco, de fato. Processos de purificação genética eliminaram os genes neandertais menos favoráveis. Na verdade, nunca tivemos tão poucos genes neandertais. Recentemente, a análise dos genes de um fóssil da Romênia – portanto próximo do foco de hibridação – continha de 6 a 8% de genes de neandertal. Existiram várias populações de sapiens, mais ou menos hibridizadas, com uma herança neandertal mais ou menos nítida em diferentes partes da Europa. Poderia ser o caso da criança de Lagar Velho, em Portugal, com datação de 23 mil anos, ou seja, quase 10 mil anos depois do desaparecimento dos neandertais. Apenas começamos a descobrir o que pode ter sido o *melting-pot* da diversidade das populações europeias durante a fase de ocupação do sapiens, que não causou o tsunami que os adeptos da teoria do povo superior que suplantou os povos arcaicos gostam de descrever.

Embora os estudos paleogenéticos sejam recentes, calculamos que, somando tudo, os sapiens atuais da Eurásia conservem mais de 20% do genoma dos neandertais. Essa proporção é mais importante nas populações atuais da Ásia do Leste, da ordem de 20%; o que nos leva para o terceiro grande centro de hibridação entre sapiens, neandertais e denisovanos.

Encontros entre três espécies

Na grande aventura paleantropológica africana, na descrição das origens da linhagem humana, dos australopitecos e dos primeiros homens, a Ásia ficou esquecida por meio século. O anúncio da existência de outra espécie, com a descoberta de Denisova, abriu um capítulo ainda pouco conhecido e já fascinante da evolução do gênero *Homo* e de nossa espécie sapiens.

Se os princípios da introgressão forem compreendidos, não haverá nada de surpreendente em constatar uma taxa de hibridação entre neandertais e denisovanos, duas espécies irmãs que se separaram há apenas 400 mil anos. O fato de encontrarmos DNA denisovano na Espanha também não tem nada de surpreendente, pois ainda estamos muito próximos do processo de especiação. Mas não há sinal de DNA de Denisova nos neandertais mais recentes, a oeste. O movimento das populações parece ter acontecido majoritariamente de oeste para leste. Isso também aconteceu com os sapiens vindos da África.

De fato, não encontramos vestígios, ou apenas pouquíssimos genes de Denisova nos sapiens da Europa, da Ásia Central ou da

Ásia Oriental. (Os poucos sinais de genes de Denisova resultam de hibridações entre sapiens e neandertais portadores desses genes após introgressões anteriores com os denisovanos.) Isso é bastante espantoso no caso desta última região, em razão da posição geográfica da caverna de Denisova, ao sul da Sibéria. Curiosamente, os poucos fósseis conhecidos dessa espécie, tanto nos montes Altai quanto no Tibete, vieram de populações instaladas o máximo a oeste e ao norte de suas áreas de dispersão. As hibridações com os sapiens permitiram a introgressão de genes que facilitaram a respiração em grandes altitudes, adaptação bem conhecida pela etnia xerpa ou pela etnia han. Assim, e da mesma forma que com os neandertais, adaptações adquiridas pelos mecanismos da seleção natural ao longo de milhares de gerações de denisovanos foram rapidamente adquiridas por introgressões.

Os sapiens também se hibridizam com os neandertais dessa região. Ao contrário da situação europeia, esse centro de hibridação parece mais regular, o que explica o fato de as populações sapiens atuais conservarem uma proporção mais pronunciada de genes neandertais na Ásia Oriental.

Enquanto, como acabamos de ver, populações sapiens da primeira onda penetravam na Ásia nos confins do Tibete e da Sibéria, outras migravam rapidamente ao longo das costas meridionais da Eurásia, o que os autores anglo-saxões chamaram de *the great coastal migration*, a grande migração costeira. Ali, elas se hibridizaram com os denisovanos. Hoje, as taxas de introgressão variam de 4 a 8%, mais acentuadas de oeste a leste, como entre os aborígenes australianos e os melanésios em geral. Essa é uma tendência geral dos perfis genéticos que variam dependendo das zonas dessa imensa região e de todas as suas ilhas, como as Filipinas. Uma região propícia a todas as formas de hibridação e derivas genéticas, sobretudo nas ilhas de tamanhos diferentes, interligadas ao continente ou separadas dele de acordo com as variações dos níveis dos mares e dos períodos glaciares. Populações denisovanas parecem inclusive ter atravessado a famosa linha de Wallace, a barreira biogeográfica entre mamíferos placentários a oeste e mamíferos marsupiais a leste. Os únicos mamíferos placentários que a atravessaram foram os humanos, como atestado pelas espécies dos pequenos homens de Flores e de Luzon, e, mais recentemente, pelos denisovanos alcançados pelos sapiens, que se hibridizaram a eles.

Embora os genes de Denisova sejam encontrados em proporções importantes entre os sapiens atuais do Sudeste Asiático e entre os melanésios, eles não o são entre os sapiens atuais da Ásia Oriental. Consequentemente, o mesmo acontece com as populações ameríndias saídas dessa região para se aventurar nas Américas, como veremos a seguir.

Paleogeneticistas e paleolinguistas reconhecem três ondas de imigração sapiens vindas da Ásia Oriental. As duas primeiras não carregam genes de Denisova. A última, porém, de inuítes, apresenta genes denisovanos propícios à aquisição de tecidos adiposos, que oferecem uma excelente proteção contra o frio. Onde e quando, na Ásia, os ancestrais dos inuítes adquiriram esses genes?

É nesse ponto que estamos. No entanto, é muito provável que a América do Sul tenha sido visitada por sapiens vindos da Oceania; nesse caso, talvez devêssemos encontrar DNA de Denisova nesse continente... A questão está em aberto e causa muita polêmica entre os ianques da América do Norte – que só aceitam o Mayflower – e os chicanos da América do Sul, que adoram a expedição Kon-Tiki.

Então alguns dentes e ossos fósseis fragmentários revelaram uma fabulosa história graças a seu DNA. Uma enorme peça do quebra-cabeça da história da humanidade finalmente compensou o longo desinteresse dos pesquisadores ocidentais pela Ásia no início da grande aventura da paleantropologia africana. O terceiro centro de hibridação entre as três espécies contribuiu mais do que os outros à adaptação dos sapiens atuais a mais da metade das regiões do mundo ocupadas por nossa espécie. Tudo começou na África, mais cedo ou mais tarde, mas com evoluções inimagináveis até nas mentes mais férteis dos paleantropólogos anteriores aos anos 2000.

Também há razões culturais para esse espanto. Desde o Renascimento, a história ensinada na Europa é contada através da conquista de novos mundos, a oeste e de barco. A paleantropologia conta outra história do homem, muito mais antiga, de uma conquista de novos mundos que começa na África e parte para o leste, a pé e de barco.

Regresso à África

Seguindo as aventuras do sapiens para fora da África, em suas peregrinações pela Europa, pela Ásia e cada vez mais para o leste, esquecemos da África. Como os fluxos sapiens eram para fora, não encontramos genes neandertais, e menos ainda denisovanos, nas populações subsaarianas onde, é preciso lembrar, encontramos a maior diversidade genética e linguística de nossa espécie atual. No entanto, encontramos DNA neandertal entre os massais, embora seus ancestrais nunca tenham encontrado os neandertais. Tratam-se de aportes genéticos entre os antigos massais e os sapiens portadores de introgressões herdadas de seus longínquos ancestrais que frequentaram os neandertais fora da África: mas onde e quando?

A descoberta é ainda mais espantosa porque a diferença entre neandertais de corpos atarracados e pele clara e massais longilíneos e pele negra não poderia ser maior. É mais fácil pensar que as misteriosas populações sapiens que levaram os genes neandertais aos massai tenham vivido no Oriente Próximo e ocupado uma parte da África norte-oriental. Mas as populações humanas estão sempre em movimento, especialmente na África, seja por vontade própria ou devido aos períodos de seca, às vezes dramáticos, como há 130 mil anos, durante as grandes expansões do Saara, que empurram as populações para as costas ("teoria da bomba saariana", segundo a qual a região, coberta de savanas arborizadas durante os períodos interglaciares, tornou-se um imenso deserto durante os episódios glaciares). Encontramos introgressões de genes neandertais entre as populações da África do Norte, e com diferentes perfis. Sem entrar em detalhes, as porcentagens de DNA neandertal são, em média, intermediárias entre as taxas dos sapiens da Eurásia e a quase ausência nas populações subsaarianas atuais. A África do Norte seria um quarto centro de hibridação, sem dúvida menos importante que os outros, mas significativo. E, dependendo das populações, a proporção de DNA neandertal varia quando os respectivos ancestrais vêm, em parte, obviamente, da África subsaariana – taxas mais baixas –, ou do Oriente Próximo – taxas mais altas –, como entre os berberes e os árabes.

As populações da África do Norte, onde foram descobertos os mais antigos fósseis de sapiens, em Djebel Irhoud, conheceram uma história populacional tão complexa quanto nas outras partes do mundo, com migrações de outras regiões da África mas também de neandertais vindos da Espanha. De fato, é ali, bem no sul da Europa, que encontramos as últimas populações que resistiram aos sapiens, como nos sítios arqueológicos de Zefarraya, perto de Cádiz. Um último refúgio, que no entanto apresentava uma dinâmica cultural e populacional que permitiu conter o avanço dos sapiens – não sem hibridações, como na criança de Lagar Velho, em Portugal –, e chegar ao Magrebe. Foi o último canto do cisne dos neandertais.

Genes, homens e extinções

Mas por que uma única espécie de homem, o *Homo sapiens* moderno, povoa a Terra inteira há 20 mil anos?

Por que espécies não menos humanas, com outras tantas adaptações culturais e biológicas, com que coabitamos por centenas de milhares de anos, trocamos técnicas e genes, se viram expulsas da grande aventura de uma linhagem humana que sempre foi conjugada no plural, do alvorecer ao crepúsculo da longuíssima pré-história?

Pois a lista de excluídos não para de crescer: neandertais, denisovanos, Flores, Luzon, naledi e ainda os homens de Solo – *Homo erectus* tardios que sem dúvida levaram ao surgimento de outra espécie em Java, sem falar dos chamados sapiens arcaicos ou mais antigos. Não se trata de uma questão de genes ou de mutações cognitivas, como nas explicações do "povo eleito", que orgulham os incensadores da superioridade sapiens. Glória ao vencedor, mas a que preço!

A terceira onda sapiens foi fatal para as outras espécies ou populações. Para as últimas, o problema foi a expansão fulgurante dos homens modernos, com seus enxames de extinções, tanto de outros humanos quanto de outras espécies. O que levou nossos ancestrais imediatos a irem para além dos mares e dos horizontes, onde nenhuma outra população humana jamais havia pisado? Pois o *Homo sapiens* caminha, navega e invade, marcando suas conquistas com traços coloridos nas paredes das cavernas e das falésias – como as mãos pintadas ou gravadas, encontradas no mundo inteiro, que parecem dizer: tomo posse dessas terras.

Mais que um único fator biológico, genético, cognitivo, técnico ou cultural, os sapiens modernos realizam, inconscientemente – o que não quer dizer que não tivessem consciência –, uma nova síntese coevolutiva. Morfologicamente, eles não são maiores ou mais fortes que os outros homens, dentre os quais os sapiens mais antigos. Eles seriam inclusive mais gráceis, com uma redução das massas musculares, mas não podemos aferir nenhum tipo de desenvolvimento cerebral. A paleogenética descreve genes envolvidos nessas mudanças anatômicas e em diversas partes do cérebro e das funções cerebrais. Outros genes estariam associados a organizações sociais mais colaborativas, mas também a uma maior agressividade. A isso se soma uma dinâmica populacional que tira proveito da plena aquisição da altricialidade secundária e uma organização social que favorece uma taxa de crescimento demográfico mais eficaz.

Além disso, fato conhecido há mais de um século, há uma diversificação das ferramentas e das técnicas de talha em diferentes tipos de materiais, como osso e marfim, e a explosão de todas as formas de expressões artísticas e de técnicas associadas; uma revolução social, cognitiva e espiritual com novas representações de mundo. No entanto, como no caso dos genes e das ferramentas, é muito provável que elementos de representação do mundo tenham sido tomados de empréstimo das outras espécies. Foi uma revolução que se estendeu por milhares de anos, mesmo na Europa, apesar da aparente brutalidade da substituição dos neandertais pelos sapiens modernos.

No entanto, nenhum desses elementos, tomado isoladamente, consegue explicar o rápido sucesso dos sapiens modernos no início do chamado Paleolítico Superior. Eles realizam uma síntese criativa de consequências ignoradas por eles mesmos. Essa síntese lhes garante economias de subsistência mais eficazes e perenes que resultam em populações ou grupos sociais mais numerosos, capazes de fixação mais sedentária em territórios ocupados e exploração mais profunda de seus recursos. Os sítios arqueológicos atestam o surgimento de aldeias com várias tendas ou cabanas, às vezes dispostas em torno de construções maiores dedicadas a assembleias sociais, religiosas, festivas ou semelhantes. É nisso que a adaptabilidade dos sapiens modernos aposta.

Entre os neandertais, as populações se compõem de poucos indivíduos, com significativas taxas de consanguinidade, o que também parece válido para os denisovanos e os sapiens antigos. Pequenos grupos muito nômades se deslocavam com frequência e regularmente, segundo as disponibilidades dos recursos e as estações. Em vez de buscar cenários mágicos do tipo "mutacional", que combinem com a aquisição milagrosa de uma característica genética ou cognitiva superior, devemos compreender um processo de substituição que aconteceu ao longo de milênios, com um resultado fatal para as outras populações humanas, de qualquer espécie, que também contribuíram, como vimos, para a adaptabilidade e para a diversidade dos sapiens modernos, para nossa existência.

Esse cenário não tem, portanto, a brutalidade da história recente, como a que conhecemos entre europeus e ameríndios a partir de 1492, encontro que marcou o fim da maior diversidade biológica e cultural da humanidade sapiens desde a saída da África. Imaginemos um grupo de neandertais instalados, como de costume, em seu território. Chegam os sapiens. Eles se encaram, pois se conhecem há algum tempo, trocam alimentos e ferramentas, mas também indivíduos, com vários tipos de convites e adoções ou, por que não, capturas, como no caso de híbridos resultantes de amores lícitos ou secretos. Depois, chega o momento em que o grupo neandertal parte, como de costume. Enquanto isso, os sapiens, mais numerosos, se instalam de maneira mais sedentária, explorando com mais eficácia os recursos materiais e alimentares. Quando os neandertais voltam, os sapiens estão melhor instalados, e têm a desvantagem de não poder explorar o ambiente de maneiras diferentes. Com o passar dos milênios, os territórios neandertais regridem até se tornarem pequenos refúgios no sul da Espanha, na bota da Itália, no maciço central, em Charente, Morvan ou nos Alpes Suábios. Regiões de montanhas médias, onde as condições de sobrevivência são mais duras e os recursos são menos abundantes, variando ao longo das estações, ou são mais difíceis de obter. Enquanto isso, os sapiens consolidam sua supremacia nas grandes planícies e nas regiões mais propícias. A consequência traumática dessa supremacia é a degradação da biologia dos últimos neandertais, que se traduz numa degradação da estrutura de seu esmalte dentário. É preciso acrescentar a perda de fertilidade dos machos, bem como o aumento da consanguinidade, agravada por refúgios cada vez mais isolados que interrompem os fluxos genéticos entre os neandertais, mas não com os sapiens.

Esse cenário se baseia nos conhecimentos da paleantropologia, da paleogenética e da pré-história da Europa, região que mais dispõe de documentação. Ele também se baseia numa análise comparada entre os povos caçadores-coletores atuais das altas latitudes do hemisfério norte – analogia com os neandertais – e os das baixas latitudes – de onde vêm os sapiens. Um exemplo de antropologia integrativa que evita recorrer a hipóteses ingênuas de mutações mágicas.

Devemos imaginar cenários análogos em outras partes do mundo, sem dúvida com modalidades muito diferentes, com mais absorções do que substituições pelos denisovanos do Sudeste Asiático, que vivem em ambientes mais temperados ou subtropicais, conforme mostrado pela paleogenética – o que ainda precisa de confirmação. O processo deve ter sido ao mesmo tempo mais brutal e radical para as espécies insulares de Flores e Luzon, e outras ainda não descobertas.

Os sapiens modernos não constituem uma nova espécie em relação aos sapiens mais antigos, mas o surgimento de uma nova coevolução baseada numa síntese biológica, cognitiva e cultural, que, nas diferentes partes do Velho Mundo, incorpora introgressões genéticas e aculturações tomadas de empréstimos das populações neandertais, denisovanas, sapiens mais antigas e outras ainda não descobertas. Essa síntese, ao mesmo tempo criativa e destrutiva, não se limita ao Velho Mundo. Pois embora o *Homo sapiens* reine sozinho no Velho Mundo há 20 mil anos, ele já havia chegado à Austrália, à Oceania e às Américas antes de se impor na Europa. A velha Europa, portanto, teria sido conquistada por nossa espécie depois da conquista dos Novos Mundos. Mas como?

O homem moderno, esse migrante

Os sapiens modernos

As origens do sapiens têm raízes profundas nas terras vermelhas da África. Por dezenas de milhares de anos, populações de sapiens arcaicos, de neandertais e de denisovanos se encontraram, sobretudo no Oriente Próximo. Nenhum de seus respectivos impérios se sobrepôs aos outros. Até que um fato novo veio abalar esse equilíbrio: o surgimento do homem moderno, o *Homo sapiens* recente, ou anatomicamente moderno. Ele é igual a um homem de nossa espécie, apenas maior e bem mais robusto.

Seu esqueleto locomotor é composto por ossos sólidos marcados por inserções tendinosas profundas associadas a uma musculatura potente. O tamanho de seu cérebro é superior a 1,5 mil centímetros cúbicos e cabe numa caixa craniana redonda com um osso frontal elevado. A barra óssea acima das órbitas se torna menos saliente. O rosto e os dentes se assemelham aos nossos num tamanho um pouco maior, e a mandíbula tem um queixo pronunciado. Ele é nosso retrato numa versão um pouco mais possante, por isso sua designação como homem anatomicamente moderno.

Em termos de robustez, força física e tamanho do cérebro, no entanto, ele não tem nada de muito diferente dos neandertais, que têm cérebros ainda maiores e um porte mais vigoroso. (Nada sabemos sobre os denisovanos, mas há grandes chances de que também tenham sido muito robustos; viveram na fase robusta da linhagem *Homo.*)

Diante dessas características comuns, como explicar que os novos sapiens, ou sapiens modernos, tenham conseguido abalar os outros impérios, levando as outras espécies a desaparecer? Não satisfeitos de ocupar o Velho Mundo, eles se lançaram à conquista de Novos Mundos. Isso ocorreu devido à intensificação das eras glaciais ou a catástrofes vulcânicas gigantescas?

Fatos do tipo aconteceram, mas nunca foram relacionados às mudanças que levaram à expansão dos sapiens modernos ou ao funesto destino das outras espécies humanas. Estas evoluíram e se adaptaram por centenas de milhares de anos em impérios continentais ou em ilhas. O único acontecimento maior foi a emergência e a expansão dos sapiens modernos, primeiro a partir da África, entre 150 mil e 100 mil anos, para a península arábica e para o Oriente Próximo, depois para a Ásia Central, o Extremo Oriente e, elemento novo, cada vez mais para o leste, através da navegação. Saídas da África, as populações sapiens pisam na Austrália e na América antes de pisotear os neandertais na Europa.

Sapiens, o Africano, e suas conchas...

Tudo começa – ou recomeça –, portanto, na África. Depois do sapiens arcaico, surgem os primeiros homens modernos, os mais antigos entre 190 mil e 160 mil anos, na África Oriental (Omo Kibish, Herto), e por volta de 100 mil anos no Oriente Próximo (Skhul, Qafzeh), a seguir na África Austral (Border Cave, Klasies River) e na África do Norte (Djebel Irhoud). Isso quanto aos testemunhos de esqueletos. Há alguns anos, porém, os arqueólogos trazem à luz novidades consideráveis em todos os aspectos da vida, no âmbito da moradia, das técnicas e das expressões simbólicas. Em referência às teorias modernas de inovação, fala-se em "clusters de inovação", característicos dos grandes avanços da história da humanidade, embora não se pensasse nesses termos para períodos tão antigos e para a África.

Um sítio arqueológico em particular nos interessa: Pinnacle Point, na África do Sul. Seus níveis arqueológicos preservam os mais antigos testemunhos de uma economia de subsistência que explorava mamíferos marinhos (focas, leões-marinhos, cetáceos), peixes, às vezes de grande porte, e frutos do mar, como mexilhões e caramujos. Essa particularidade é encontrada a seguir em sítios arqueológicos mais recentes, como os de Blombos.

Esses sítios foram descobertos recentemente e, em seus níveis mais antigos, correspondem a um período climático particularmente severo e longo (estágio isotópico 6, entre 190 mil e 120 mil anos). Na África, esse período se manifesta através de um crescimento dos desertos e das savanas, que empurram as populações humanas para as costas, ampliadas por uma grande queda no nível dos mares. Os pesquisadores chamaram esse efeito de "teoria da bomba saariana", que age por centenas de milhares de anos ao longo da evolução do gênero *Homo*. Nos períodos úmidos, essa imensa região abrigou grandes extensões de água, como o lago paleo-Chade, e era coberta por savanas arborizadas. Nos períodos glaciares, ela secou e as comunidades ecológicas se deslocaram, refugiando-se nas regiões costeiras, que se ampliaram durante os períodos glaciares. As antigas populações de *Homo sapiens* teriam se adaptado cada vez mais a essas mudanças climáticas e ambientais. E, a partir de 100 mil anos, a arqueologia revela um número crescente de sítios arqueológicos litorâneos e uma exploração associada a seus recursos nas costas da África Austral, Ocidental (Congo) e Oriental (Eritreia).

Os paleantropólogos acreditam que as populações humanas sofreram uma queda demográfica durante o estágio isotópico 6, o que explicaria a baixa diversidade genética de nossa espécie atual e dos neandertais da Eurásia. É absolutamente verossímil que populações humanas europeias, e não sapiens, também tenham se adaptado aos recursos marítimos, encurraladas nas margens norte do Mediterrâneo, enquanto as geleiras descem até a Inglaterra e a Alemanha. Em relação à Ásia, não dispomos de nenhum dado arqueológico capaz de ajudar.

Em todo caso, grandes mudanças antropológicas têm início no período interglaciar seguinte (estágio isotópico 5, entre 120 mil e 70 mil anos), com a expansão dos neandertais para a Ásia, a partir da Europa, e a dos *Homo sapiens* modernos para fora da África, mas também para a Ásia. Duas grandes expansões humanas para o leste se desenham, uma com os neandertais ao norte da Eurásia até a Sibéria, outra ao longo das costas meridionais da Eurásia com os homens modernos.

Esses homens são modernos por sua anatomia e, principalmente, por sua cultura. Até o fim do século XX, pensávamos que o homem moderno em todo o seu esplendor havia surgido subitamente na Europa com os chamados homens de Cro-Magnon, dotados de novas técnicas de talha de pedra (Paleolítico Superior) e caracterizados por uma "explosão simbólica", como a arte rupestre e o mobiliário.

Descobertas recentes revelam um quadro muito diferente. Na verdade, o homem moderno não surge nem anatômica nem culturalmente na Europa. Ele chega à Europa tardiamente, há cerca de 40 mil anos: na época, outros sapiens modernos já haviam deixado suas marcas em cavernas e grutas da África, da Ásia, como em Bornéu, e da Austrália e das Américas.

Há mais de 100 mil anos, de fato, as populações de *Homo sapiens* da África e do Oriente Próximo compartilham o mesmo interesse por colares e braceletes, confeccionados com duas variedades de *Nassarius*, furados intencionalmente e pintados de ocre vermelho. Vestígios do tipo foram encontrados nos sítios arqueológicos de Pinnacle Point e Blombos, na África do Sul, Taforalt, no Marrocos, Oued Djebbana, na Argélia, e Skhul e Qafzeh, em Israel. Todos esses sítios têm entre 110 mil e 60 mil anos e se situam a menos de cem quilômetros das costas no período em questão.

Essas conchas revelam um novo interesse dos homens pelo litoral?

Elas têm alguma relação com a exploração dos recursos marinhos?

Não era possível responder a essas perguntas no contexto europeu, embora a arqueologia tenha descrito ornamentos sublimes, como a touca de conchas sobre o crânio da mulher da caverna de Grimaldi, perto de Menton, ou ainda o peitilho da criança de La Madeleine. Os ornamentos conhecidos na Eurásia estão associados aos homens modernos e são relativamente recentes. As conchas utilizadas vêm das regiões costeiras, mas também de rios ou praias antigas movidas pela geologia. Existe uma "moda" cosmética nos adereços de conchas de origens muito mais antigas, o que nos leva de volta à África. O fato de encontrarmos esses adereços de conchas perfuradas e coloridas nos "três cantos" desse continente, em sepulturas, atestam a rápida difusão de novas ideias culturais e simbólicas.

As cavernas de Pinnacle Point, Blombos e outras ainda, indicam um longo costume de exploração dos recursos marinhos. Os arqueólogos também observam uma mudança na gestão dos recursos e das moradias há cerca de 120 mil anos. A isso se somam os mais antigos vestígios de tratamento térmico das rochas (silcrete), que permite a talha de ferramentas afiadas e delicadas.

Da mesma forma, o ocre foi aquecido para a obtenção de um vermelho mais vivo. As inovações são encontradas em todos os ramos de atividade e sem dúvida participam de novas organizações sociais e de representações que, embora tenham um conteúdo que nos escape, não deixam de estar ligadas a novas concepções de mundo. Pois os adereços e a cosmética, à qual se associam os usos ainda mais antigos de corantes, são expressão das relações sociais e individuais (etnias, estatutos sociais e sexuais, insígnias de poder, valor de troca etc.) ligadas a cosmogonias, relatos sobre as origens e o sentido das coisas.

Cosmética e cosmogonia têm a mesma etimologia: cosmos. Assim, o homem moderno tem uma origem africana e se constrói, biológica e culturalmente, entre 190 mil e 100 mil anos, muito antes de partir rumo a outros mundos. Depreende-se uma continuidade multifatorial no que tange a todos os aspectos de nossa humanidade moderna, discernível numa "civilização de adereços de conchas" que parte como um rastilho de ocre rumo aos alvores do sol nascente.

Novas representações do mundo e novos mundos

As mais antigas implantações de *Homo sapiens* fora da África foram encontradas, obviamente, na península arábica e no Oriente Próximo, como em Qafzeh, sítio de 110 mil anos. Existem outros sítios arqueológicos do mesmo período Paleolítico Médio, com sepulturas contendo *Homo sapiens* (Skhul) e neandertais (Ahmud, Kebara, Dederiyeh, Shanidar...).

Os *Homo sapiens* modernos começaram suas migrações para o norte muito cedo, mas se depararam com populações neandertais. Como eles se relacionaram? Como coabitaram? É difícil dizer, principalmente para um período de mais de 50 mil anos e com tão poucos dados arqueológicos. A paleogenética nos diz que houve cruzamentos – vestígios de DNA nos *Homo sapiens* atuais não africanos –, e a arqueologia também indica violências, como a ponta de lança encontrada na bacia do esqueleto de Kebara. Nada mais banalmente humano!

Mas eles poderiam ter utilizado caminhos que não o Oriente Próximo para chegar à Europa? Descobertas recentes na Grécia sugerem uma passagem pelas margens setentrionais do Mediterrâneo, a ser confirmada. Outras descobertas recentes atestam a presença de populações humanas na ilha de Chipre há cerca de 130 mil anos. Seriam neandertais vindos do norte do Mediterrâneo, *Homo sapiens* vindos do sul do Mediterrâneo ou uns e/ou outros vindos das margens orientais do Mediterrâneo? Não fazemos ideia, segundo os dados atuais.

No entanto, há um fato perturbador: os mais antigos vestígios paleantropológicos da presença do *Homo sapiens* foram encontrados em Cavallo, no sul da Itália, com cerca de 45 mil anos, e na Espanha, segundo vestígios arqueológicos atribuídos à cultura do período Aurignaciano, associada ao *Homo sapiens*. Se os mais antigos testemunhos da presença do *Homo sapiens* estão na Itália e na Espanha, e esses homens parecem freados em seu avanço terrestre pelo leste europeu e pelo corredor do mar Negro, então eles chegaram de barco.

Dispomos de pouquíssimos dados para estabelecer com um mínimo de rigor as rotas de migração dos *Homo sapiens* ao sair na África rumo às margens norte do Mediterrâneo. Até o momento, não conhecemos nenhum vestígio da presença do neandertal na África, e sua expansão territorial mais meridional cessa no Oriente Próximo.

Os dados da genética histórica corroboram esse esquema, pois não existe nenhum vestígio de seu DNA nas populações africanas atuais, embora todas as populações não africanas o carreguem. Segundo o que conhecemos hoje, as últimas populações neandertais tiveram seu último refúgio no sul da península Ibérica (sítio de Zafarraya), o que supõe não ter havido nenhuma passagem de *Homo sapiens* do Marrocos para a Espanha, e tampouco de neandertais no sentido inverso, durante esse período, ao contrário de seus ancestrais *Homo erectus*.

Mais amplamente, pouco sabemos sobre o povoamento de grandes ilhas como Sardenha, Córsega, Sicília e Chipre. As ferramentas em sílex nelas encontradas apresentam um feitio que não permite a determinação de períodos bem definidos. Decorre disso um consenso muito prudente e crítico em relação a todo vestígio arqueológico anterior ao Neolítico. Mais uma vez, essas migrações podem ter ocorrido no período em que o nível do mar esteve muito mais baixo, e nada impede que essas populações humanas tenham se instalado nas ilhas por algum tempo e em várias ocasiões.

E mais a oeste, passando Gibraltar?

As ilhas Canárias foram ocupadas milhares de anos antes de nossa era, e os Açores também. Essas ilhas seriam rastros da mítica Atlântida dos autores gregos da Antiguidade. Gravuras recentemente descobertas nos Açores sugerem a presença humana desde a idade do bronze, ou seja, cerca de 4000 a.C. Que presença seria essa? Não sabemos. Mais tarde, chegaram os fenícios e o almirante cartaginês Hanão – o famoso périplo de Hanão teria reunido várias expedições.

Isso é história; mas e antes dela? As Canárias chamam a atenção dos paleantropólogos pelas características anatômicas dos guanches, os autóctones dessas ilhas, que se recusaram a servir os portugueses e os espanhóis e foram exterminados. Os guanches pertenciam aos povos paleo-berberes que ocupavam todo o Magrebe. Eles chegaram às Canárias durante o Neolítico. Mas foram os primeiros? Eles eram *Homo sapiens* modernos incontestáveis, de grande estatura, atléticos e dotados de um crânio volumoso com um cérebro grande e, sob a testa, órbitas retangulares: a mesma descrição que se faz das mulheres e homens de Cro-Magnon clássicos da Europa de 30 mil anos atrás!

A partir do Neolítico, o tamanho de nosso corpo e de nosso cérebro diminui consideravelmente em relação a nossos ancestrais Cro-Magnon do fim da pré-história. Por outro lado, os paleo-berberes continentais não apresentam características "cro-magnoides" tão pronunciadas. Assim, as populações paleo-berberes atraídas por essas ilhas, visíveis das costas do Marrocos em tempo aberto, teriam se misturado a populações Cro-Magnon chegadas ali milênios antes? A Atlântida teria sido o último refúgio dos derradeiros homens de Cro-Magnon, o último mundo perdido alcançado em embarcações desconhecidas? Quando? Quando os mitos singram os mares rumo à paleantropologia.

Os *Homo sapiens* parecem ter sido detidos ao norte pelos neandertais firmemente instalados na Espanha, na Itália e no Oriente

Próximo, o que não impede a existência de incursões e assentamentos irregulares e não perenes.

Mas por que essa obstinação sapiens de ocupar outras terras, inexistente nos sapiens arcaicos?

As hipóteses clássicas supõem a intervenção de acontecimentos naturais passíveis de levar as populações a migrar, como alternâncias de períodos glaciares e interglaciares, efeitos de bombas saarianas, crises vulcânicas etc. A gigantesca erupção do vulcão Toba, nas ilhas da Sonda, há cerca de 73 mil anos, teria provocado um longo inverno vulcânico responsável por um esfriamento brutal da temperatura terrestre.

No entanto, as consequências sobre a evolução das populações humanas de diferentes espécies que viviam na mesma época se limitam a correlações imprecisas, como um suposto gargalo de estrangulamento genético que explicaria a baixa diversidade de todas as populações humanas atuais. Além dos geneticistas afirmarem que esse gargalo genético ocorreu 10 mil anos mais tarde, ele não parece ter afetado os neandertais, que desaparecem entre 40 mil e 30 mil anos.

Mas não devemos negligenciar a vontade de deslocamento dessas mulheres e desses homens. Embora os fatores associados a migrações forçadas sejam facilmente identificados, é muito mais difícil identificá-los nos deslocamentos voluntários, cujas motivações nos escapam. No atual estado dos conhecimentos, podemos defender os dois. Isso quanto à parte ocidental do Velho Mundo. Para as grandes migrações do *Homo sapiens* rumo ao Oriente distante, precisamos encontrar outras explicações.

Rumo ao sol nascente

Enquanto os *Homo sapiens* coabitam com os neandertais, outras populações atravessam o mar Vermelho em sua embocadura meridional, no estreito de Babelmândebe, cruzam a península arábica e chegam à Austrália há cerca de 50 mil anos. Encontramos adereços de conchas no sítio arqueológico de Riwi, na Austrália, datado em 40 mil anos. Nossa espécie passeia do outro lado da linha de Wallace, antes de se implantar na Europa. Como explicar essas migrações?

Embora os dados sejam frágeis, sítios arqueológicos descobertos recentemente revelam incursões à península arábica, como em Omã. Depois, os sítios arqueológicos se espalham cada vez mais para o leste, ao longo das costas meridionais da Eurásia, até as ilhas da Sonda. Mas em quantas migrações? As primeiras populações de *Homo sapiens* asiáticos chegaram rapidamente à Ásia Central, outras seguiram até a China, e outras de novo para o sudeste, pois encontramos vestígios de DNA de Denisova em várias populações dos oceanos Índico e Pacífico. Assim, e apesar dos parcos dados paleontológicos, arqueológicos e genéticos, as populações de *Homo sapiens* rapidamente se disseminaram pela imensa Ásia por vias terrestres e marítimas, e com certeza seguindo rios e córregos.

Os dados paleogenéticos tendiam a identificar uma única onda de emigração a partir da África, há cerca de 60 mil anos. Mas os sítios arqueológicos comprovam uma expansão mais antiga, pois *Homo sapiens* são encontrados no Djebel Faya de Omã, que tem cerca de 125 mil anos. Eles atravessam o estreito de Babelmândebe, se espalham pela península arábica e ultrapassam o estreito de Ormuz há cerca de 90 mil anos. E eles avançam rápido, pois os *Homo sapiens* já estão na Índia há 70 mil anos (Jwalapuram), no Laos por volta de 63 mil anos (montes Anamitas), na China há 110 mil anos (Guangxi, Liujiang, Zhirendong, Zhoukoudian...) e na Mongólia há cerca de 40 mil anos (Ordos).

Embora a classificação dos fósseis mais antigos relacionados ao *Homo sapiens* ainda seja discutida e discutível, é certo que *Homo sapiens* passeavam a pé pela Ásia Oriental há mais de 70 mil anos. O mito de uma única arca de Noé saída do Oriente Próximo há 60 mil anos, tão prezado pelos ocidentais, torna-se aquele, ainda pouco

O homem moderno, esse migrante

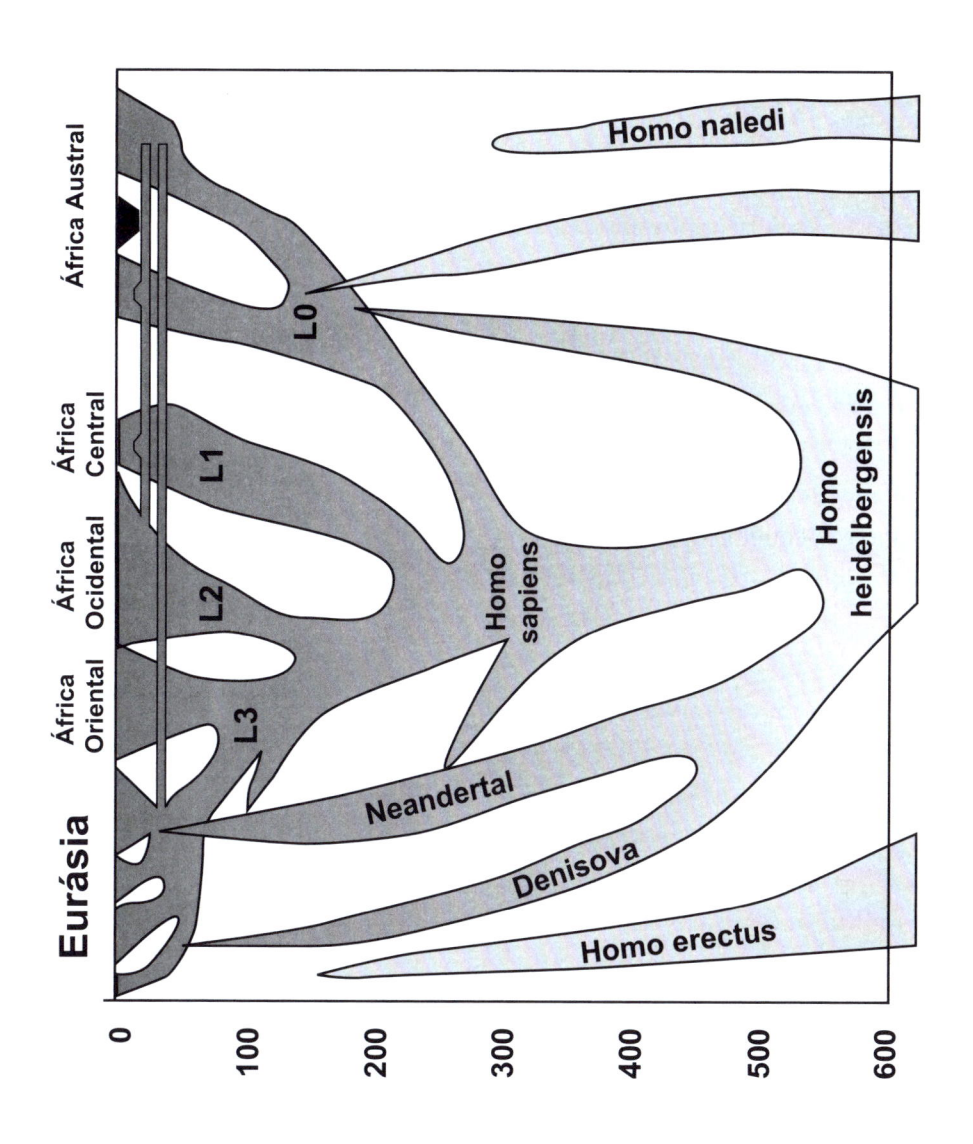

conhecido, de diversas correntes migratórias, primeiro oportunistas, depois cada vez mais voluntárias, levando o *Homo sapiens* a realizar uma grande conquista do leste antes de se instalar na Europa.

Os novos dados fornecidos por sítios arqueológicos na península arábica obrigam a uma revisão do cenário da saída única de hordas sapiens da África, modelo ainda chamado de "Out of Africa". Pois se eles partiram há 60 mil anos da costa da África, então foram muito rápidos, pois pisaram em solo australiano há no mínimo 50 mil anos, o que é pouco verossímil, sobretudo a pé. Os dados da arqueologia pré-histórica e da paleogenética descrevem no mínimo dois grandes movimentos migratórios: um para o norte, via vale do Nilo e Oriente Próximo, outro via península arábica e na direção da Austrália por vias pedestres e sobretudo costeiras e marítimas.

Os estudos de paleogenética se baseiam na difusão de alguns tipos de DNA. Há o DNAmt, ou mitocondrial, transmitido apenas pelas fêmeas, e o do cromossomo Y, que só é transmitido pelos homens. Os trabalhos se complementam bastante bem e, aqui, seguiremos o DNA das mulheres. O DNAmt de tipo L3 é encontrado na África Oriental e apresenta dois tipos ou haplótipos, chamados N e M. Partindo da África, as populações de tipo N seguem o caminho terrestre para o norte, depois para o Oriente Próximo, onde se encontram com os neandertais antes de seguir para Índia e China. As populações de tipo M atravessam a península arábica, passam pela Índia, pelas ilhas Andaman, pela Indonésia e, antes de 50 mil anos, pelas terras do Sahul, chegando a Nova Guiné, Austrália e Tasmânia.

As pesquisas revelam uma proximidade genética entre aborígenes, austronésios, indonésios, indianos e africanos. Trata-se de uma migração rápida, de alguns milhares de anos, que ultrapassa as ilhas da Sonda porque, dessa vez, as mulheres e os homens decidem ir além do horizonte.

A via M prolonga naturalmente as experiências das populações de *Homo sapiens* adquiridas ao longo das costas da África Austral e

O HOMEM MODERNO, ESSE MIGRANTE

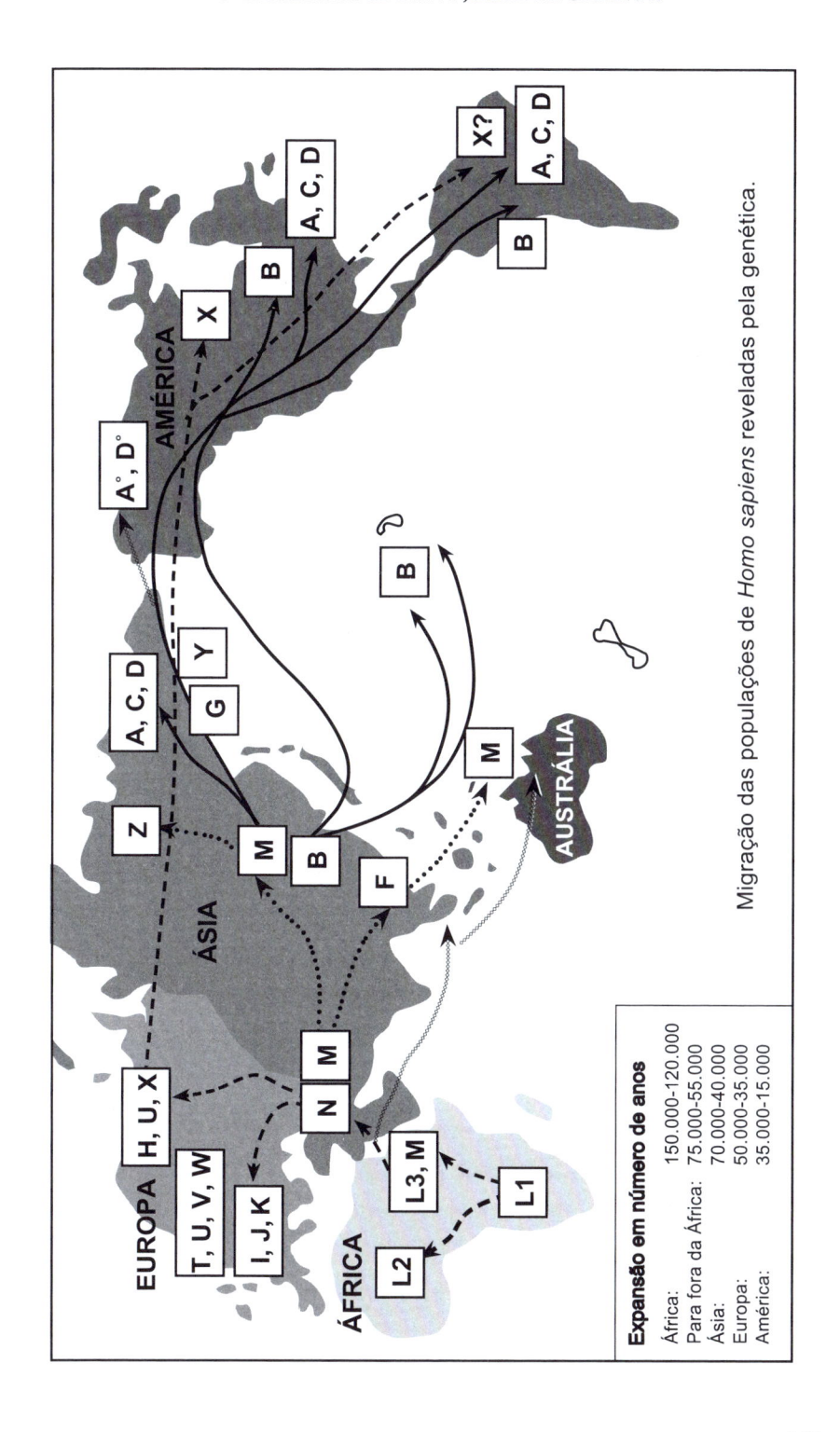

Migração das populações de *Homo sapiens* reveladas pela genética.

Expansão em número de anos

África:	150.000-120.000
Para fora da África:	75.000-55.000
Ásia:	70.000-40.000
Europa:	50.000-35.000
América:	35.000-15.000

Oriental. Navegações por cabotagem e também alto-mar são atestadas, pois populações de *Homo sapiens* chegam aos confins do Wallacea, entre a Sonda e o Sahul. Ali, mesmo quando o mar está no nível mais baixo, um braço de mar de no mínimo cem quilômetros de largura (linha de Weber) persiste. Estamos falando, portanto, de muito além do horizonte e fora do alcance visual. Ora, ninguém iria até depois do horizonte, onde o sol se levanta, com mulheres – e com certeza não com crianças –, levado apenas por uma erupção vulcânica ou por algum fator natural!

Sapiens, o navegador

Antes de subir a bordo das navegações do *Homo sapiens*, o pesquisador se depara com uma realidade que restringe seu acesso ao conhecimento: o nível atual dos mares está uma centena de metros acima do nível dos períodos glaciares.

Durante esses episódios, os planaltos continentais eram amplas planícies férteis propícias à passagem e à instalação dos homens pré-históricos e de suas comunidades ecológicas. Carecemos de dados arqueológicos, portanto, mas felizmente as populações humanas se deslocam com seus genes, línguas e artefatos, o que nos permite reconstituir cada vez com mais detalhe a história do povoamento da Terra por nossa espécie.

A título de exemplo, a caverna de Cosquer foi descoberta pelo mergulhador Henri Cosquer, em 1991, nas baías escarpadas perto de Cassis. Entre os animais representados em suas paredes, há um pinguim, o único de toda a arte pré-histórica, o que nos faz pensar em todos os tesouros pré-históricos ainda desconhecidos...

As pesquisas se multiplicam e localizam sítios arqueológicos cobertos pelas águas. Isso é muito importante, visto que o *Homo sapiens* parece ter apreciado o litoral, desde suas longínquas origens africanas, fato que o levou, com o passar do tempo e ao sabor das águas, a alcançar uma expansão planetária nunca antes conhecida por qualquer espécie, mesmo humana. O que leva o *Homo sapiens* a ir além do horizonte, sem ser forçado a tanto?

Antes de sugerir uma hipótese, precisamos conhecer os vestígios da longa jornada da humanidade moderna.

Pré-historiadores e paleantropólogos procuram as passagens mais curtas entre as ilhas da Sonda e o Sahul que tornem possíveis travessias mais ou menos secas a pé. Lógico! Mas se nos colocarmos na pele dos *Homo sapiens* da época, quem poderia conhecer esse caminho mais curto, e como? Nossa atual percepção do mundo, com mapas-múndi e imagens via satélite, nos proporciona pontos de vista inconcebíveis há apenas cinquenta anos. Há mais de 50 mil anos, portanto, os *Homo sapiens* viajavam em alto-mar sem saber o que havia depois do horizonte, e levavam consigo água e mantimentos, pescavam e coletavam plâncton. Será?

Não conhecemos nenhum vestígio de embarcação, é claro. Tudo o que é fabricado e construído em madeira ou matérias vegetais desaparece para sempre. Os vestígios mais antigos que temos datam da transição do Paleolítico para o Neolítico, na bacia mediterrânea, há cerca de 10 mil anos. Outro problema: a arqueologia das ilhas se depara com sítios arqueológicos afastados de praias e costas. É claro que os homens se instalavam nesses lugares, mas a subida do nível das águas, de mais de cem metros, submergiu muita coisa. A paleontologia e a arqueologia são determinadas pela tafonomia, disciplina que estuda as condições propícias ou adversas para a conservação de vestígios orgânicos e culturais. A tafonomia se mostra particularmente desencorajadora para a arqueologia das ilhas. Felizmente, dispomos de outras abordagens.

A arqueologia experimental é uma delas. Ela consiste em reproduzir os gestos e as técnicas do passado com os meios conhecidos e confirmados pela arqueologia: técnicas do fogo e da talha de ferramentas, pinturas e corantes, construção de abrigos, adornos, técnicas de caça e pesca etc. Depois da descoberta dos sítios arqueológicos de Flores, o professor Robert Bednarik lançou um amplo programa de pesquisa em três âmbitos: uma intensa campanha de prospecção e escavação nas ilhas da Sonda; estudos sobre as capacidades cognitivas e culturas dos *Homo erectus*; e experiências de construção de jangadas e de navegação entre as ilhas da Sonda e a Austrália.

Depois da descoberta dos pequenos homens de Flores, em 2003, e para além de todas as controvérsias em torno deles, os paleantropólogos descobriram a presença de estegodontes nas ilhas maiores da Sonda (Flores, Sumbawa, Roti, Timor) e de uma dezena de sítios arqueológicos, especialmente em Timor, cujas datações, obtidas por métodos variados, vão de 850 mil a 750 mil anos. Em alguns deles, encontramos grandes conchas com vestígios de golpes e fogo, o que atesta uma economia de subsistência com produtos do mar.

Outra faceta da pesquisa foi o estudo das motivações e das capacidades cognitivas por trás delas. Infelizmente, uma tradição tenaz em paleantropologia e pré-história insiste em conceber o gênio humano somente depois da chegada dos *Homo sapiens* na Europa, há 40 mil anos. Para uma descoberta de peso que ouse abalar essas concepções elitistas – que, de passagem, supunham mutações genéticas e cognitivas tão súbitas quanto não testáveis e improváveis –, dezenas de publicações tentam desconstruir os novos conhecimentos a respeito de supostas características próprias ao *Homo sapiens* europeu. Os neandertais sofrem o tempo todo esse tipo de tratamento, que é ainda pior em relação aos homens pré-históricos anteriores e não europeus.

Os pesquisadores da Ásia Oriental, da Indonésia e da Austrália não têm a mesma visão de mundo, é claro, como vemos nos mapas-múndi "invertidos" nos quais os continentes do hemisfério sul são representados no alto e os do norte embaixo. Há mais de vinte anos, as pesquisas nos países do hemisfério sul questionam os esquemas centrados na Europa, especialmente pelo fato de que os *Homo erectus* utilizavam o fogo, construíam abrigos, caçavam de maneira muito eficaz, dispunham de linguagem e se interessavam por corantes. Essas descobertas não cessam de confirmar modos simbólicos de pensamento, condições necessárias para sociedades capazes de se lançar em projetos como navegações.

A terceira faceta das pesquisas abarcava a construção de jangadas e tentativas de travessia. O projeto Nale Tasih 1, lançado em 1998, consistia numa jangada de bambu e madeira, de trinta metros de comprimento e muito pesada. Ela não funcionou. A experiência adquirida levou à construção da Nale Tasih 2, uma jangada mais curta (dezoito metros) e mais leve (2,8 toneladas), feita de bambus e cipós, com um teto de proteção. A construção mobilizou oito homens por três meses e utilizou ferramentas de pedra. Depois de embarcar os remos, a água armazenada em troncos de árvores de manguezais, as frutas e os anzóis, a expedição deixou Timor na direção da Austrália em dezembro de 1998. Um mês depois, tendo navegado mais de mil quilômetros, a tripulação atracou, em plena tempestade, perto da cidade de Darwin. Embora o início da travessia tenha se beneficiado de um tempo ameno e de correntes suaves, imprevistos e intempéries afetaram a jangada. Os passageiros fizeram os consertos necessários, transformando a embarcação num meio de transporte de surpreendente resistência. A arqueologia experimental exige pessoas motivadas e, sem dúvida, sem medo, como nossos ancestrais.

A Nale Tasih 2 viajou na direção de um objetivo fora de visão, no âmbito do estudo do povoamento da Austrália por nossa espécie *Homo sapiens* há cerca de 50 mil anos. Para o *Homo erectus*, há 800 mil anos, o grande desafio foi atravessar o estreito de Lomboque. O projeto Nale Tasih 3 se revelou muito mais difícil de realizar, não na construção da jangada, mas na travessia, devido à força das correntezas. Compreendeu-se o que foi a linha de Wallace e porque somente os elefantes foram capazes de cruzá-la, e não outras espécies de mamíferos, mesmo as que nadavam bem. As travessias mais curtas não são necessariamente mais fáceis. O Nale Tasih 3 acabou atracando numa pequena ilha ao lado de Lomboque.

Depois do estreito de Lomboque, seria preciso realizar outras travessias para chegar a Flores, entre as ilhas de Sumbawa e Komodo – e seus encantadores lagartos-monitores. Surgiu o projeto Nale Tasih 4, ao qual a National Geographic se associou. Todas as tentativas tiveram êxito, mesmo em meio a todos os imprevistos imagináveis nesse tipo de aventura científica. E este caminho não descarta outros, pelo norte das pequenas ilhas da Sonda, partindo de Celebes (Sulawesi).

As aventuras marítimas dos *Homo erectus* do Oriente levaram os arqueólogos a repensar o povoamento das ilhas e regiões do Mediterrâneo. Da ilha de Elba à Sardenha, ou de certas ilhas gregas até Creta e Chipre, as travessias ao alcance do olhar eram possíveis quando o nível dos mares ficava muito baixo. Também considerando as características técnicas e culturais idênticas dos dois lados do estreito de Gibraltar, entre os sítios arqueológicos do Magrebe e da Espanha. As experiências do projeto Nale Tasih foram reproduzidas com jangadas de caules de cana-de-açúcar, fibras de ráfia e cera. A travessia entre Tânger e as costas espanholas revelou-se relativamente fácil e chegou a seu destino.

Embora o primeiro *Homo erectus* tenha sido descoberto em Java em 1898, foi preciso esperar exatamente um século para compreender que o "homem de pé" não se contentou em viajar a pé, mas que foi o primeiro a navegar os extremos ocidentais e orientais do Velho Mundo, até o mais longe que seu olhar pudesse avistar outras terras.

As terras do Sahul

Os mais antigos dados arqueológicos da Austrália indicam a presença de homens entre 55 mil e 45 mil anos, segundo datações dos sítios arqueológicos e das pinturas rupestres da Terra de Arnhem, no noroeste da Austrália, e dos fósseis do lago Mungo e de Kow Swamp, no sudeste. Essas datas condizem com as da genética histórica e têm relação com o desaparecimento brutal dos marsupiais gigantes. Os povos aborígenes se espalham pelo vasto Sahul, da Nova Guiné ao norte à Tasmânia ao sul.

Os dados genéticos atuais referem uma única onda de povoamento original, ao passo que a paleantropologia indica misturas de populações com traços mais arcaicos e populações de traços mais modernos. Seja como for, os mais antigos aborígenes do Sahul não se contentaram em circular a pé, do norte da Nova Guiné ao sul da Tasmânia. Eles não tardaram a se implantar nas ilhas vizinhas, mais a leste do arquipélago Bismarck e, mais surpreendentemente, na ilha de Buka, 160 quilômetros ao norte, há 28 mil anos! Enquanto a hipótese de uma navegação oportunista se associa à de uma onda única – com mulheres e, sem dúvida, com crianças –, as navegações antigas para o leste e para o norte a partir do Sahul revelam intenção e competências de navegação costeira e em alto-mar.

Confrontados a esses novos dados – e devido à arrogância dos ocidentais, para quem é difícil reconhecer saberes e técnicas mais avançadas em outros povos, *a fortiori* mais antigos –, buscamos explicações materialistas como secas e, nessa região do mundo, grande atividade vulcânica, como a erupção do Toba há cerca de 70 mil anos. Essa data corresponderia aos mais antigos vestígios – discutíveis – de ocupações humanas na Austrália. No entanto, mesmo pressionados por rios de lava e nuvens de cinzas, eles já sabiam navegar, e é isso que as navegações no nordeste do Sahul revelam.

A subida do nível dos mares isolou essas grandes regiões, dando início a um processo de deriva que acentuou as diferenças genéticas, linguísticas e culturais entre todos esses povos austrais. É na Nova Guiné que os antropólogos encontram uma das maiores diversidades linguísticas da Terra, com mais de seiscentas línguas faladas, não muito tempo atrás. Isso se explica tanto pela antiguidade do isolamento quanto pela geografia acidentada dessa grande ilha que, mais tarde, será um dos focos independentes da invenção da horticultura. Os povos aborígenes da Austrália e da Tasmânia perseveram em seus modos de vida como caçadores-coletores. Segundo os mitos desses povos aborígenes, esse foi o "tempo do sonho". Que sonhos podem tê-los levado tão longe para leste?

As Américas pelo litoral

Das grandes latitudes do extremo oriente, populações rumam para o nordeste da Ásia. Algumas seguem para a Coreia e chegam ao Japão pelo norte. As primeiras implantações humanas em terras nipônicas remontam a 38 mil, talvez 50 mil anos. A exemplo das Canárias, os ainos de Hokkaido conservam características morfológicas herdadas dos povos paleolíticos da Ásia oriental. Mais tarde, há cerca de 14 mil anos, a cultura jomon se distingue como a mais antiga da pré-história na fabricação de cerâmica. No entanto, e em vista da experiência australiana, os arqueólogos imaginam incursões de barco pelo sul de Hokkaido e Okinawa, ainda que estas despertem algumas controvérsias, não quanto à via de migração, mas quanto à datação.

Em relação às Américas, a hipótese clássica sugere a passagem a pé pelo estreito de Bering durante os períodos glaciares propícios, ou seja, há cerca de 60 mil, 23 mil, 17 mil ou 13 mil anos. Mas, embora a Beríngia esteja aparente durante os episódios glaciares, a água se acumula em imensas geleiras ou *indlansis*, que bloqueiam a América do Norte. Ainda que a Sibéria não esteja tomada pelo gelo, isso não faz dela uma região hospitaleira. Portanto, é preciso admitir que populações decidem migrar para o norte, chegam ao Alasca e entram num corredor de gelo, chamado Labrador, entre dois imensos mantos de gelo. Que vontade ou expectativa de terra prometida os terá levado a uma aventura tão perigosa? Por que nenhum outro mamífero, como os grandes tigres da Sibéria, tão bem-adaptados ao frio, se arriscam na travessia, como os mamutes de outras eras? A passagem a pé pelo estreito de Bering é claramente muito seletiva de espécies capazes de suportar condições climáticas rigorosas e, por isso, levanta muitas questões.

A hipótese de uma chegada recente dos primeiros homens à América do Norte, entre 16 mil e 13 mil anos, não combina com a possibilidade de um corredor do Labrador entre as grandes geleiras de Laurentides e das montanhas Rochosas, e menos ainda com os sítios arqueológicos mais antigos da América do Sul. Os sítios da América do Norte mais conhecidos são os de Bluefish Caves (entre 25 mil e 17 mil anos); Cactus Hill (18 mil anos); Meadowcroft (12,5 mil anos). No México, vestígios de pegadas e um esqueleto de Cerro Toluquilla e Hueyatlaco (38 mil anos). Na América do Sul: Los Toldos, na Argentina (14,6 mil anos); Monte Verde, no Chile (30,5 mil anos); Luzia, no Brasil (35 mil anos). A Venezuela também tem sítios arqueológicos que revelam caçadas organizadas ao mastodonte. As cavernas pintadas de Pedra Furada, no Brasil, têm 50 mil anos, e a Cueva de las Manos (a caverna das mãos), na Argentina, 12 mil anos. Por razões que nada têm a ver com a pré-história e sim com a história recente, os pré-historiadores da América do Norte privilegiam as datas recentes, enquanto os da América Latina preferem as mais antigas... Devido ao dogma da chegada recente dos primeiros ameríndios defendido pelos arqueólogos da América do Norte, e por razões mais ideológicas que científicas, todos os sítios pré-históricos com idades antigas são contestados. Como se eles não admitissem implantações antes do Mayflower, pelo leste. E se elas tiverem acontecido?

A controvérsia sobre a morfologia do crânio de Kennewick, encontrado no estado de Washington e datado em 9 mil anos, e certas interpretações sobre a fatura técnica das ferramentas de pedra da cultura chamada Clóvis, na costa oeste da América do Norte, sugerem uma incursão a partir da Europa. As características anatômicas do crânio lembram os homens de Cro-Magnon da Europa Ocidental, enquanto as ferramentas se assemelham às do Solutreano, a idade de ouro da talha de pedra do Paleolítico Superior europeu. Essa é uma hipótese muito controversa, defendida por aqueles que veem semelhanças linguísticas entre o basco e o algonquino, bem como fatores genéticos (haplótipo X). Outros preferem imaginar um grande movimento de populações *Homo sapiens* a partir da Europa pelo norte da Eurásia antes da travessia pelo estreito de Bering. Seja pelo oeste ou pelo leste, em algum momento é preciso atravessar o Atlântico Norte ou o Pacífico Norte.

Mas é na América do Sul que esses velhos esquemas se veem abalados. Já mencionamos Pedra Furada e suas datações antiquíssimas. Ainda no Brasil, temos o esqueleto de Luzia, do sítio arqueológico de Lapa Vermelha, assim chamada porque encontrada em 1974, ano da descoberta de Lucy, na Etiópia. A seu lado, nada menos que 75 crânios humanos com cerca de 30 mil anos! Estudos e publicações recentes descrevem uma morfologia mais próxima dos aborígenes e dos africanos. Uma travessia saindo da África Ocidental via Açores até a ponta oriental do Brasil representa menos de 2 mil quilômetros. A distância seria muito maior saindo da Austrália. Outros elementos perturbadores vêm da arte rupestre.

De fato, entre as mais antigas pinturas da região de Kimberley, na Austrália, vemos um barco com uma grande proa e, portanto, construído para navegação marítima. Ora, tanto em Lapa Vermelha quanto em Pedra Furada, em pleno continente, encontramos representações de barcos! Do ponto de vista estilístico, as pinturas de Pedra Furada lembram as dos aborígenes australianos. Quanto às "mãos em negativo" nas paredes das cavernas, elas são encontradas em Bornéu e na Argentina. Essas descobertas são recentes e nem todas foram datadas, mas tudo parece comprovar a existência de uma civilização de povos navegadores em torno das ilhas da Sonda,

O HOMEM MODERNO, ESSE MIGRANTE

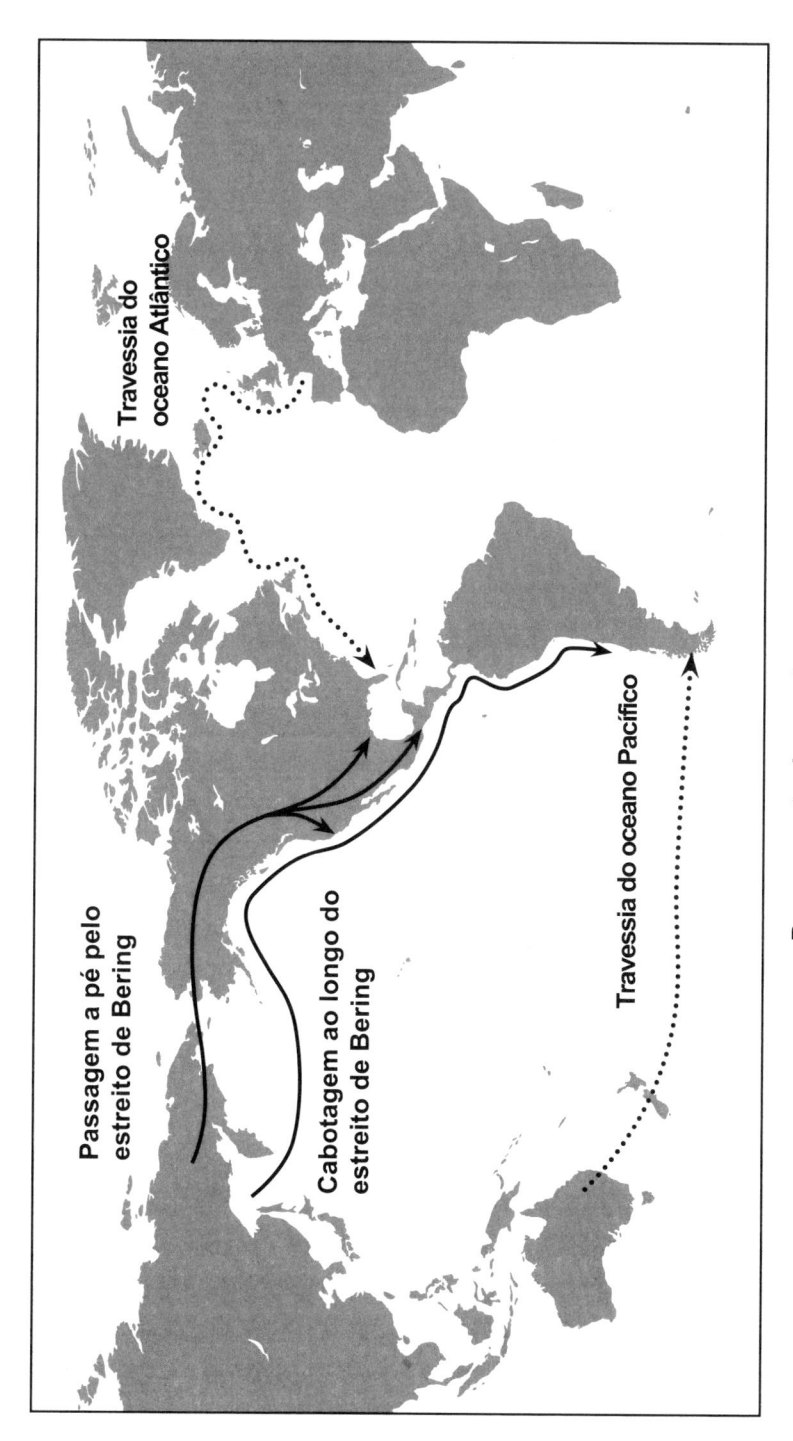

Povoamento do continente americano

- Travessia do oceano Atlântico
- Passagem a pé pelo estreito de Bering
- Cabotagem ao longo do estreito de Bering
- Travessia do oceano Pacífico

de Wallacea e do Sahul. A região fica muito longe das Américas, sem dúvida, mas estas seriam um prolongamento do movimento iniciado na África.

Mais ao sul, os paleantropólogos destacam as semelhanças entre os crânios de Monte Verde, no Chile, e os polinésios. Em outros sítios, pesquisadores identificam restos de animais, como galinhas, que teriam vindo da Oceania. Embora tudo isso ainda seja incerto, a hipótese canônica de um povoamento único a partir da Ásia Oriental, passando a pé pelo estreito de Bering há apenas 13 mil anos, parece a menos sustentável. Parece ser preciso abandonar a ideia de um amplo e único povoamento vindo da Ásia Oriental, que teria se espalhado de uma só vez até a Terra do Fogo. Os povoamentos das duas Américas parecem muito mais complexos e diversificados.

Voltemos à América do Norte. É mais certo que paleoameríndios tenham chegado a esse continente há 30 mil anos. Embora estudos recentes em paleogenética reconheçam uma única grande migração, os paleolinguistas identificam três ondas, sublinhando que esse esquema se aplica à América do Norte, sendo mais incerto para a América Latina. Aqui, como em outros lugares (Oriente Próximo, Austrália, China), os trabalhos de genética histórica não concordam com os dados da arqueologia pré-histórica. Por fim, e sem minimizar o imenso aporte da genética histórica a respeito dos povoamentos pré-históricos, é preciso lembrar que a história dos genes só reproduz de maneira parcial a dos indivíduos e dos povos. Até o momento, esses estudos comprovam um povoamento a partir da Ásia Oriental, com uma diversidade genética que se atenua em direção ao sul. O fóssil da criança de Anzick, em Montana, de 13 mil anos, confirma essas afinidades tanto por sua morfologia quanto por seu DNA.

Trata-se de um movimento migratório bastante rápido, e a hipótese marítima se torna muito mais plausível depois que se conhece a história do povoamento do Sahul. Navegações saindo da Coreia ou de Kamtchatka, ao longo do arco das Ilhas Aleutas na direção da península do Alasca, em virtude do abaixamento do nível das águas, oferecem outras vias. Algumas levam ao Alasca, onde sítios arqueológicos de 10 mil anos indicam incursões ao longo dos rios. Mas isso não resolve a travessia a pé da barreira de gelo. Nossos viajantes acompanham as costas, portanto, e aproveitam para seguir as faixas costeiras liberadas pelas geleiras. Os sítios arqueológicos das ilhas de Haida Gwaii (antigas ilhas da Rainha Carlota) e de On Your Knees Cave, na ilha do Príncipe de Gales, descrevem implantações de populações com uma economia baseada em recursos marinhos. Os vestígios isotópicos de um homem de vinte anos, datados de 10,3 mil anos, revelam um regime alimentar composto sobretudo de elementos marinhos.

Por fim, mais ao sul, nas Ilhas do Canal da Califórnia, nunca ligadas à costa durante a era quaternária, vários sítios arqueológicos evidenciam técnicas de pesca com anzol, amontoados de conchas e pedras talhadas para a caça a mamíferos e pássaros marinhos. O esqueleto fóssil do homem de Arlington tem 13,5 mil anos. Isso significa que as populações contemporâneas das chamadas culturas Folsom e Clóvis, instaladas no continente, tinham o hábito de organizar expedições às ilhas longe do litoral, uma lembrança de migrações mais antigas ao longo das costas, com técnicas e habilidades muito antigas, como ilustrado pela alta tecnicidade dos objetos encontrados. Além disso, os grandes pioneiros da escola de antropologia americana imaginavam, no início do século passado, migrações por barco (Ales Hrdlicka), evocadas por um ameríndio do norte, registrado por Franz Boas: "No início, só havia água e gelo e estreitas faixas de terra ao longo das costas".

A história do povoamento das Américas se complica em virtude de um conjunto de conceitos ultrapassados a respeito das capacidades de inovação, adaptação e migração das populações pré-históricas, especialmente por via marítima. A chegada muito antiga dos *Homo sapiens* às Canárias (e aos Açores?), bem como à Austrália e ao Japão, atestam movimentações populacionais há dezenas de milhares de anos. A simples navegação por cabotagem há no mínimo 50 mil anos – hipótese minimalista – ofereceu muitas oportunidades ao longo dos períodos glaciares, tanto no Atlântico Norte quanto no Pacífico Norte; e por que não em latitudes mais baixas como nos Açores e no Caribe, de um lado, ou na Polinésia, do outro?

E se a América do Sul tivesse sido povoada pelo *Homo sapiens* antes da América do Norte? Esse é o desenho que se delineia, a não ser que aceitemos datas antigas em torno de 40 mil anos – contestadas – para os sítios arqueológicos de Topper, na Carolina do Sul, e de Pendejo, no Novo México. Os sapiens foram várias vezes para a América, e há muito mais tempo do que imaginamos.

E o resto do mundo?

Depois dos continentes e das ilhas próximas aos continentes, as últimas terras virgens de homens e acessíveis apenas por navegação em alto-mar são as ilhas da Oceania e do oceano Índico – Madagascar foi uma das povoadas há menos tempo por navegadores austronésios, apenas 2 mil anos atrás. Como eles navegavam?

Entre 6 mil e 3 mil anos, a grande expansão dos povos austronésios, saindo da Insulíndia, no oceano Índico e na vasta Oceania, cobriu, segundo uma estimativa grosseira, um quarto da superfície do globo. Passar de Bornéu a Madagascar, e do sul da China à América do Sul, supõe um grande domínio da navegação e de diversas maneiras de localização antes do uso marítimo (mas não da invenção) da bússola pelos chineses, em torno do ano 1100 da era cristã. As canoas polinésias e catamarãs são embarcações às vezes muito grandes, muito estáveis, nas quais podem embarcar várias dezenas de pessoas. O conhecimento das correntes marítimas, dos ventos regulares, dos diferentes tipos de profundidade, dos costumes dos pássaros, do movimento do sol durante o dia e da posição das estrelas à noite fornece vários indícios dessa expansão.

Mas quais foram os indícios utilizados pelos primeiros navegadores a chegar às costas de Madagascar, vindo do leste? O povoamento da ilha de Páscoa nos desafia devido a seu isolamento, que exige uma navegação de mais de 2,5 mil quilômetros. Ela só teria sido povoada por volta de 1200 pelos polinésios, com aportes austronésios segundo a linguística e, segundo a tradição oral, com incursões da época dos incas, tese corroborada pelas tradições artísticas. Mas a relação com a América do Sul é objeto de intensas controvérsias há um século. O antropólogo norueguês Thor Heyerdahl realizou, em 1947, uma travessia de 101 dias de jangada entre o Peru e as ilhas Tuamotu, para demonstrar a viabilidade de uma aventura desse tipo. A ilha de Páscoa ainda guarda seus mistérios sob o olhar indiferente dos grandes moais que se voltam para o horizonte.

Sapiens, a espécie das grandes distâncias

Enquanto esperamos por novos estudos em genética, linguística, arqueologia e paleantropologia, as migrações dos *Homo sapiens* a pé e, acima de tudo, com o uso de embarcações ainda desconhecidas, tanto por cabotagem quanto em alto-mar, constituem um aporte inédito para a história da evolução em geral e da evolução humana em particular. Saindo da África há 100 mil anos e seguindo para o leste, as populações de *Homo sapiens* adquiriram cada vez mais competências e desenvolveram a audácia de viajar pelas águas. Nenhuma espécie de mamíferos – ou de pássaros e répteis – jamais realizou igual expansão pelo planeta, e em tão pouco tempo, passando por quase todas as latitudes e longitudes.

Desde que as ciências do passado distante do homem se constituíram, a pré-história e a paleantropologia foram utilizadas para justificar uma ideologia de progresso que colocou em seu centro o Ocidente triunfante e dominador desde o Renascimento, atribuindo às outras civilizações, e sobretudo aos ditos povos tradicionais, estágios inferiores de uma história universal dominada pelos europeus, no que chamamos de evolucionismo cultural. Consequentemente, todas as capacidades de inovação dos outros povos foram negligenciadas, tanto na história quanto na pré-história. Dessa viagem pelos deslocamentos e expansões da espécie *Homo sapiens* a partir da África, há mais de 100 mil anos, brota um fato novo: a tendência de seguir até depois da linha do horizonte, a pé e de barco, esteja esse horizonte numa cadeia de montanhas, numa planície sem fim ou no mar. Meu objetivo não é negar as capacidades cognitivas das outras espécies de homens, como os neandertais. Aliás, de um ponto de vista técnico e cultural, nada pressupõe uma diferença significativa entre eles e os *Homo sapiens* anteriores a 100 mil anos. Mas muito antes de nossa espécie conseguir se implantar na Europa e na Ásia Ocidental, populações já vivem do outro lado do Wallacea e, talvez, na América. Assim, é difícil invocar as mesmas razões materialistas para a Europa Ocidental e para a Ásia Oriental.

A expansão do *Homo sapiens* envolve mudanças nas representações do mundo, novas organizações sociais (passagem de um sistema de bandos ao de tribos organizadas) e uma economia acompanhada por crescimento demográfico. Não se trata de invocar pressões ambientais e demográficas que teriam levado os *Homo sapiens* a buscar outras terras, mas de imaginar uma (r)evolução técnica, social e cognitiva. O surgimento de novos modos de talha de pedras, o uso de novos materiais, o domínio das técnicas do fogo, a capacidade de construir habitats mais complexos e mais concentrados caracterizam o Paleolítico Superior da Eurásia. As antigas pesquisas arqueológicas nessas regiões e as melhores condições de conservação levaram a crer que tudo havia começado nas altas latitudes, como a arte pré-histórica.

Ora, os mais antigos representantes daquilo que somos se dispersaram a partir da África Oriental e da África Austral. É ali, na extremidade austral da disseminação da família dos homens, que aparecem os mais antigos vestígios de modos de subsistência associados à exploração de recursos litorâneos. As populações mais antigas de nossa espécie em sua versão moderna inovam em todos os campos. Os arqueólogos identificam mudanças nas técnicas de talha de pedras e na busca de novas matérias-primas e corantes, o surgimento de adornos – como colares de conchas marinhas, tanto para os vivos quanto para os mortos, depositados em sepulturas. E há a explosão da arte em todas as suas formas. Os *Homo sapiens* inventam sociedades mais complexas, com novos conhecimentos e organizações sociais. Ignoramos como eram essas representações de mundo, a não ser em suas formas e expressões artísticas, mas elas levaram os *Homo sapiens* a novos mundos e, para isso, não basta saber navegar.

Em 2019, celebramos cinquenta anos dos primeiros passos do homem na Lua – um projeto doido, para o qual foi preciso inventar novas técnicas. Mas foram a vontade e o sonho que permitiram a Neil Armstrong pisar em solo lunar. Será a mesma coisa com Marte – que não passa de uma questão técnica. Que sonhos permitiram que mulheres, homens e crianças partissem rumo ao desconhecido absoluto, sem a menor ideia do que seria encontrado do outro lado do horizonte, e sem nem mesmo saber como voltar? Os grandes navegadores do Renascimento reviveram essa aventura, mas, em todos os lugares onde atracaram, encontraram homens, os verdadeiros conquistadores dos Novos Mundos, que os haviam precedido em épocas que eles não poderiam imaginar, impulsionados por outros imaginários e representações do mundo.

A grande transição

O povoamento da Terra pelo sapiens foi um acontecimento inaudito na história da vida, e tão brutal que foi mal interpretado. O poder ecológico dos humanos cresce do *Homo erectus* ao sapiens, mas se amplia com grande aceleração a partir do fim da última era glacial, a tal ponto que, 12 mil anos depois, ou seja, hoje, ameaça sua própria sobrevivência – em todo caso, tal como a conhecemos no início do terceiro milênio. Que nova coevolução precisamos inventar para as gerações futuras? Pois a evolução, segundo a definição de Charles Darwin, não está apenas no passado, mas na descendência com modificação. O que fazemos hoje restringe as possibilidades das gerações mais jovens.

Após o último período glacial, entramos no Holoceno, período em que ainda estamos. Um período interglacial, portanto, de espantosa estabilidade climática e pouco marcado por catástrofes naturais de grande amplitude. Claro que elas existiram, como o brusco esfriamento de 6000 a.C., causado pelo gigantesco escoamento das águas derretidas das geleiras no Atlântico Norte, a abertura do Bósforo e a formação do mar Negro, ou a "pequena era glacial" entre os séculos XV e XIX, ou ainda o impacto de algumas erupções vulcânicas muito violentas. Apesar de seu alcance, esses acontecimentos naturais não interromperam o que poderíamos chamar (abusivamente) de sentido da história sapiens, seja na emergência da agricultura há 6 mil anos, no Renascimento ou no advento da Revolução Industrial após a terrível erupção do Tambora, em 1815. Chegamos, portanto, ao centro dos grandes debates da história, que tentam descobrir se as civilizações respondem a projetos humanos, a despeito da natureza, ou se reagem a mudanças climáticas; se estas e todos os outros tipos de eventos naturais levam as civilizações ao declínio; se as civilizações morrem por não se renovarem ou por destruírem seus ambientes, que se tornam cada vez menos naturais.

Nossa espécie intensifica sua presença na Terra ao longo do Holoceno: fala-se em triunfo do sapiens! Triunfo sobre o quê? A natureza? A evolução? Outras espécies humanas desaparecidas ou levadas à extinção? A condição humana? Em todos os casos, um sucesso darwinista no sentido mais corrente e caricatural do termo, com um sucesso reprodutor – a demografia – multiplicado no mínimo por mil nos últimos 10 mil anos e a eliminação das espécies mais próximas, concorrentes ou nocivas. No entanto, visto que só olhamos para o que nos tornamos, e não para o que poderíamos ter nos tornado, constantemente negligenciamos um fator evolutivo: quanto mais as espécies têm sucesso, mais elas precisam se adaptar às consequências desse sucesso... Mal começamos a tomar consciência disso. Como chegamos a esse ponto apenas dez milênios depois da última glaciação?

Divindades e monumentos

No início do Holoceno, todas as populações humanas espalhadas pelo mundo vivem uma economia coletora-caçadora. No plano técnico e cultural, o Paleolítico Superior dá lugar a outras culturas como o Mesolítico, que se caracteriza pela fabricação de pequenas ferramentas de pedra, micrólitos, como pontas de flecha. As armas de arremesso – arcos, azagaias, bumerangues, dardos, lanças, arpões – compõem uma panóplia crescente que explora cada vez mais profundamente os recursos animais do ambiente. E também dos recursos vegetais, mas os vestígios arqueológicos que os atestam sobrevivem menos, o que sempre acaba amplificando a importância da caça e da pesca em nossa escrita da história.

As economias coletoras-caçadoras mais eficazes favorecem um estabelecimento mais perene das populações em seus territórios. Elas dominam cada vez mais os ciclos de produção e se tornam cada vez mais sedentárias. De fato, não é a invenção das primeiras formas de horticultura ou de agricultura que leva ao sedentarismo, mas o inverso. A etnografia dos últimos povos tradicionais de hoje, como a arqueologia pré-histórica dos períodos pós-glaciares, descreve um mosaico de sistemas econômicos, que variam quanto a modos de residência, períodos anuais de deslocamento, práticas horticultoras diversas – jardins, roçados, queimadas –, caça, pesca, coleta. As mudanças também passam por novas crenças e representações do mundo. Entramos na proto-história.

Apesar da belíssima escola francesa de arqueologia pré-histórica, a proto-história segue negligenciada em nossos estudos de história em geral. Evocamos nossa bela pré-história e logo passamos às primeiras civilizações: entre os dois, um "vazio" de mais de 5 mil anos, que, no entanto, moldou nossos genes e culturas. Um sítio arqueológico específico questiona as interpretações clássicas herdadas das ideologias progressistas do século XIX, forjadas no âmbito da dominação da Europa sobre o mundo, em especial na França. Trata-se do sítio de Göbekli Tepe, na Turquia, descoberto em 1963, parcialmente escavado e redescoberto nos anos 1990, inscrito no patrimônio mundial da humanidade em 2018.

No X milênio a.C., no mínimo um milênio antes da invenção da agricultura e da domesticação de animais, alguns povos erigiram um conjunto monumental de construções de pedra que, se não dispuséssemos de métodos de datação, teriam sido atribuídas a civilizações dos períodos históricos, como a micênica, apesar de esta ter surgido cinco milênios depois. Parecia estabelecido que uma civilização só poderia edificar tais monumentos, com instalações tão imponentes, se ela dominasse uma economia agrícola produtiva, com excedentes e estoques, e com uma organização política centralizada. Primeiro os meios de produção necessários, depois uma nova organização social e política.

A proto-história conta exatamente o contrário.

O sítio arqueológico de Göbekli Tepe mostra que as pressões econômicas e os meios de produção são condições necessárias, mas estão longe de ser suficientes. Quando as escavações foram retomadas, nos anos 1990, o proto-historiador Jacques Cauvin publicou *Nascimento das divindades, nascimento da agricultura* (1994). Com base nos dados da arqueologia pré-histórica do Oriente Próximo, ele mostra que a "revolução neolítica", tão brilhantemente apresentada pelo gigante Gordon Child, é um processo mosaico que se estende por milênios e resulta de uma transição cultural, religiosa, econômica e técnica.

Em outras palavras, a ideia ainda dominante na compreensão das grandes transições da história da humanidade, que insiste em ver as invenções técnicas e as economias decorrentes – os meios de produção e de distribuição – como respostas das sociedades a problemas materiais, é simplesmente obsoleta. O transumanismo de hoje é a expressão disso na época pós-moderna. De fato, é lamentável constatar que o pensamento – se é que assim podemos chamá-lo – dominante se obstina a ver a revolução do Paleolítico Superior, com a expansão do sapiens pelo planeta, a revolução neolítica, com a invenção da agricultura, e a revolução digital de hoje como simples problemas técnicos e econômicos.

No entanto, embora a ciência e a arqueologia pré-históricas se baseiem em processos materiais – este é o contrato e a base de sua epistemologia –, tudo o que pertence à dimensão imaterial das culturas e das crenças constitui uma evidência consubstancial da singularidade da evolução humana desde o *Homo erectus* – o fenômeno humano, para usar a expressão de Teilhard de Chardin.

Göbekli Tepe revela uma civilização de demografia bastante densa, numa grande zona geográfica, que desfruta de uma economia de caça e coleta que permite grandes realizações coletivas. Não conhecemos sua organização política, nem suas crenças. Mas os grandes edifícios de pedra, com surpreendentes colunas geométricas em forma de T, atestam novas crenças que se erigem na direção do céu, anunciando a época dos megálitos e, depois, das pirâmides (mais tarde, das catedrais do cristianismo e dos arranha-céus do capitalismo). Sem que saibamos por que, o sítio foi abandonado voluntariamente, pois foi encoberto enquanto se afirmavam as primeiras domesticações de plantas e animais, ou seja, o surgimento da agricultura. Mudanças de representação do mundo e mudanças econômicas andam juntas, ao lado das técnicas e seus usos.

Essas transições se fundem à mais antiga proto-história do Oriente Próximo. Elas são menos conhecidas para as outras grandes regiões do mundo, com suas respectivas agriculturas e civilizações. Na América Central, como no caso dos maias e das civilizações que os precedem, os grandes alinhamentos de pirâmides são locais de culto, sem urbanização circundante, como em Göbekli Tepe. Tudo para dizer que as grandes mudanças ao longo da evolução humana, antes ou depois da invenção da agricultura, derivam de sínteses complexas entre as representações de mundo e os meios de ação sobre ele.

Ainda no Oriente Próximo, a revolução neolítica se desenvolve ao longo de vários milênios, entre o VIII e o IV milênio a.C. É a Idade da Pedra Polida ou Neolítico, e também da cerâmica. A sequência dessa evolução é amparada pelos diferentes períodos da cerâmica. Aqui também, a interpretação clássica recorre ao solucionismo. Embora não haja dúvida de que mós e pedras polidas foram inventadas e utilizadas para moer grãos, a invenção da cerâmica não foi necessariamente motivada pela conservação de alimentos. A argila cozida surge por motivos artísticos na época dos últimos sapiens do Paleolítico Superior. As mais antigas cerâmicas conhecidas são obra dos ancestrais jomon da ilha Hokkaido, no Japão, milênios antes da invenção da agricultura nos extremos da Ásia e no resto do mundo.

Os avanços mais recentes das teorias da evolução e das teorias da inovação convergem na direção do chamado *darwinismo generalizado*. Lembremos que existem dois tipos de inovação: lamarckismo e darwinismo. Jean-Baptiste de Lamarck (1744-1829) foi o fundador do transformismo, uma teoria evolucionista que descreve como as espécies se adaptam em resposta a fatores ambientais. Trata-se de uma inovação ativa, na qual, segundo a célebre máxima, a necessidade é a mãe da invenção. No entanto, essa premissa contém uma consequência arbitrária: quando as condições não mudam, por que inventar? No processo lamarckiano, há uma adequação entre os problemas e suas soluções.

De maneira geral, e também ideológica, a história da humanidade sempre é narrada no modo solucionista, das primeiras pedras talhadas ao transumanismo atual – em suas entrelinhas, as invenções são creditadas aos homens, os machos, que emancipam a humanidade das contingências naturais, coisa impossível para as mulheres, demasiadamente guiadas pela natureza.

Nos mundos darwinistas as coisas acontecem de maneira diferente: as invenções precedem as inovações. Ou seja, as características e as invenções não surgem em resposta a uma necessidade, mas esperam ser selecionadas: as soluções esperam por seus problemas. É o caso da genética e de todos os mecanismos que produzem variações, como a sexualidade; descobrimos que o mesmo acontece com as inovações técnicas e seus usos, especialmente no âmbito da revolução digital dos dias de hoje, em que se fala de *darwinismo artificial*. O darwinismo generalizado não é uma doutrina ideológica mas um conjunto de teorias complexas sobre variações e processos de seleção, transmissão e transformação. Portanto, passou da hora de sairmos da tola oposição Lamarck versus Darwin. Somente as sociedades humanas se mostram lamarckianas, mas a ideologia progressista ocultou completamente os processos darwinianos. Os processos lamarckianos fazem parte dos processos darwinianos. Hoje, o darwinismo generalizado se aplica à cosmologia, à planetografia, claro que à medicina, mas também à economia e às teorias de inovação técnica.

Somente a história, que iremos abordar, escapa a essa evolução generalizada, sobretudo na França. Estamos tão ancorados naquele que se tornou o dogma lamarckiano – embora Lamarck não tenha nada a ver com ele – que não percebemos a chegada da revolução digital. Enquanto nossos pensadores políticos e econômicos de todos os credos – alimentados por concepções progressistas da filosofia e da história – não entendem "para que elas servem", eles desprezam as invenções.

O resultado é que todos os nossos melhores pesquisadores precisam sair da França para que suas invenções se tornem inovações. Nossos pensadores querem compreender de que modo uma invenção pode servir ao mundo circundante, mas não compreendem que elas vão mudar o mundo tal como ele é. Eles querem preservar os conhecimentos adquiridos, em vez de considerar novos conhecimentos. A evolução da linhagem humana e das civilizações – a pré-história e a história – continua sendo interpretada segundo esses cânones; somos incapazes de compreender as diversas transições da humanidade. Por que esta ou aquela civilização teve êxito, se diversificou, se transformou ou desapareceu?

No caso da proto-história, falamos em arqueologia evolucionista ou arqueologia darwinista. Não se trata de nenhum reducionismo teórico, metodológico ou analítico. Muito pelo contrário, trata-se de uma abordagem científica ampla, que se interessa pela coevolução, a característica dualista da evolução das sociedades humanas, que se articula em torno do surgimento de variações biológicas e de invenções culturais e técnicas que, quando selecionadas, participam de uma dupla hereditariedade, biológica e cultural. Os processos lamarckianos têm seu lugar, mas dentro de um conjunto muito mais complexo de processos de variação, seleção e transmissão. A transição neolítica é uma bela demonstração.

O *Homo sapiens* se torna grácil

Por milênios – sempre no Oriente Próximo –, os arqueólogos descrevem uma evolução tão generalizada quanto mosaica, com várias tendências para a sedentarização e para a domesticação de plantas e de animais. Essa transformação se dissemina por uma vasta região bioclimática chamada "Crescente Fértil", que forma um grande arco geográfico que parte do Egito e segue para o norte, ao longo das margens orientais do Mediterrâneo, até os montes Tauro, na Anatólia, depois faz uma curva para o leste e para o sul até o golfo Pérsico. Vales férteis se estendem pelas margens dos rios Nilo, Orontes, Jordão, Tigre e Eufrates, que encontramos nas descrições do paraíso.

Esse arco contorna uma vasta região desértica e é margeado por montes cobertos de densas florestas. Se somarmos a isso relevos muito variados, estaremos falando de uma região dotada de uma enorme diversidade de habitats, ou seja, de plantas e de animais. O clima temperado quente favorece plantas com sementes consumíveis e de produção anual. O trigo, a cevada, o painço, o grão-de-bico, entre outros, são domesticados, assim como os ancestrais selvagens de cabras, ovelhas e porcos. Cães e gatos, por sua vez, já se tornaram companheiros das sociedades humanas há um bom tempo. Os cães foram domesticados várias vezes – as mais antigas dessas domesticações datam do último período glacial –, e os gatos estão presentes desde muito antes da civilização egípcia, no mínimo desde a época dos primeiros agricultores de Chipre. Como podemos imaginar, eles não chegaram lá a nado; foram levados de barco, o que recua essa "domesticação" para época de Göbekli Tepe, no mínimo. Aqui também, portanto, a concepção solucionista e utilitária da domesticação

A GRANDE TRANSIÇÃO

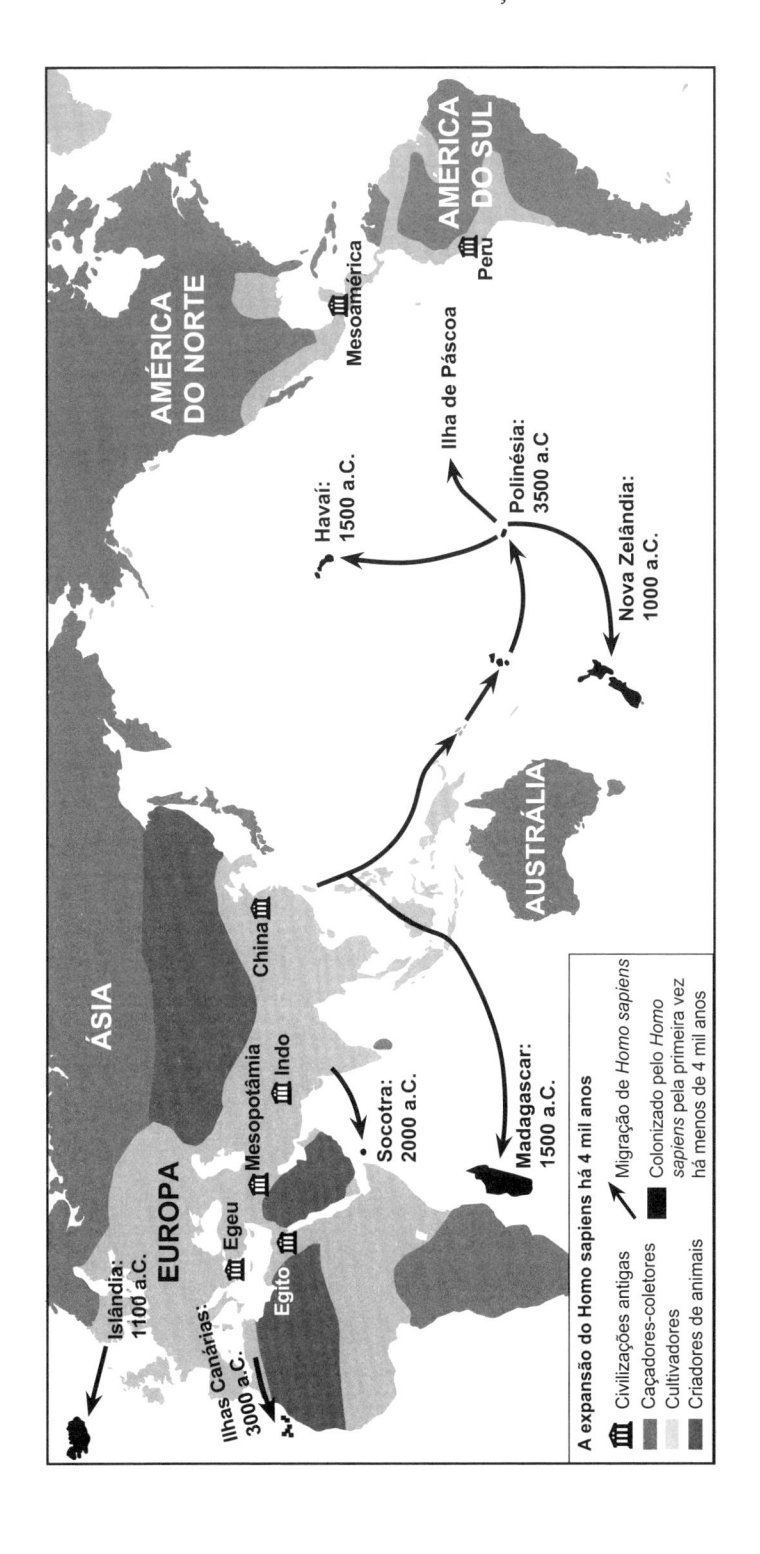

é falha. Sem dúvida existiram diferentes formas de coabitação com os grandes canídeos e os pequenos felinos, da coexistência interessada para ambas as partes até a domesticação, sem falar do fascínio, da afeição e mesmo de certa forma de divinização, como no Egito Antigo.

Aldeias mais ou menos amplas começam a surgir, desprovidas de todo tipo de "urbanismo". As casas parecem cubos, quase sempre sem portas e janelas. Para entrar nelas, descia-se pelo teto, com a ajuda de uma escada, como nos pueblos indígenas do Arizona. É uma moradia de proteção. Outras aldeias são protegidas por altas muralhas, como em Jericó, a cidade mais antiga, com uma ocupação ininterrupta de 10 mil anos.

Tensões e conflitos opõem as populações, em breve os povos, que diferem, em suas economias de subsistência, entre caçadores-coletores, criadores de animais e agricultores. É a partir dessa época que os arqueólogos descobrem valas comuns e vestígios de massacres coletivos. A famosa múmia de Ötzi, ou *Hibernatus*, surgida do gelo nos confins da Áustria e da Itália, carrega em seu corpo marcas de vários ferimentos graves. As guerras são inventadas por motivos econômicos. Conflitos, saques e massacres se tornam estratégias regulares, e mesmo sazonais, de obtenção de recursos e bens.

A humanidade entra numa nova era, marcada por relações complexas entre povos e regiões que adotam economias diferentes. Não temos um mês de "Marte"? Faz apenas um século que o ministério da Guerra passou a ser chamado de Defesa ou Segurança Nacional. A partir dessa época, e por quase 10 mil anos, a história da humanidade foi uma sequência de conflitos entre povos e civilizações de economias diferentes (romanos e bárbaros; conquista das Américas; colonialismo; últimos refúgios dos povos tradicionais de hoje etc.).

As crenças também mudam. A arqueologia descreve cultos domésticos e coletivos, e o surgimento de novas divindades. As estatuetas se tornam cada vez mais antropomórficas e humanas, com rostos e olhos muito expressivos. Surgem diversos cultos à fecundidade, como a famosa Cibele da Anatólia, em Çatalhüyük, uma mulher opulenta sentada num trono e ladeada por dois guepardos, e também cultos à força, como o culto ao touro. Assistimos a uma antropologização das divindades associadas à ideia de controlar as forças da natureza – uma domesticação das divindades, como a domesticação das plantas e dos animais.

Essas tendências se afirmam até o surgimento das grandes cidades e dos primeiros impérios – a chamada história, com as primeiras eras dos metais, que fazem a transição do V para o IV milênio a.C. Essas evoluções econômicas e culturais são acompanhadas de uma evolução biológica pouco conhecida: a gracilização do *Homo sapiens*.

Com o passar do tempo, as populações consolidam a economia agrícola. A parte de seus recursos alimentares reservada à coleta, à caça e à pesca diminui em relação aos recursos produzidos. A seguir, essa perda de diversidade se estende às produções agrícolas. A redução da diversidade dos alimentos e de seus modos de armazenamento, conservação, preparo e cozimento acaba afetando a genética, a fisiologia e a morfologia dos povos agrícolas. Vários fatores se interligam, como a invenção do trabalho, nos campos e no tratamento das colheitas – ceifa, moagem etc. –, com uma divisão de tarefas articulada entre mulheres e homens: os esqueletos das mulheres, por exemplo, apresentam mais marcas de esforços nos joelhos e nas vértebras lombares. Essas diferenças persistem até os dias de hoje, quando medimos o tempo de trabalho doméstico das mulheres comparado ao dos homens.

Observam-se profundas mudanças nas atividades físicas, com base no maior sedentarismo e no menor deslocamento, em relação à coleta e à caça. A isso se soma a propagação de doenças contagiosas ligadas à concentração do número de habitantes. A seleção infantil é confrontada a novos fatores, devido especialmente a escolhas alimentares mais restritas, sem falar nos riscos de carências. Nossos sistemas genéticos carregam vestígios disso em diversas alergias, como o favismo, alergia a favas. A introdução de animais domésticos dentro das casas também expõe mulheres, homens e principalmente crianças a novos agentes patogênicos. As chamadas doenças infantis são herança disso.

Na ponta oposta do Velho Mundo, os primeiros agricultores chineses domesticam – entre outros – patos e porcos. O vírus da gripe, aviário, se adapta aos porcos e depois aos humanos. São essas duas cepas da gripe – aviária e suína – que, todos os anos, afetam a saúde de centenas de milhares de pessoas no mundo, às vezes exterminando milhões, como na chamada gripe espanhola, em 1918.

No Novo Mundo, as Américas, os maravilhosos agricultores ameríndios domesticaram poucos animais – lhama, porquinho-da-índia, vicunha –, que foram mantidos fora das casas. Não houve coevolução com seus agentes patogênicos, portanto, No entanto, depois de 1492, quando os sistemas imunológicos dos europeus se depararam com os dos ameríndios, eles provocaram nesta população uma mortalidade terrível.

A chamada medicina evolucionista nos informa sobre essas coevoluções que, mais do que as batalhas e as guerras, explicam nossa história recente.

No Oriente Próximo, povos caçadores-coletores perduram ao lado de povos cada vez mais agrícolas. A antropologia física constata que, entre os segundos, a estatura, a robustez dos ossos, a musculatura e o tamanho do cérebro diminuem tanto em relação aos ancestrais quanto em relação aos contemporâneos caçadores-coletores. Embora seja fácil compreender a diminuição do tamanho e da robustez do esqueleto entre os agricultores, a diminuição no tamanho do cérebro é mais surpreendente. O cérebro sapiens do fim do Paleolítico tem mais de 1,5 mil centímetros cúbicos, contra 1,34 mil centímetros cúbicos para os sapiens de hoje. Como se deu e qual o motivo dessa diminuição? Ela é um dos efeitos da coevolução.

Alguns povos se tornam agrícolas e outros mantêm suas tradições de caçadores-coletores – embora estas evoluam devido às relações com os primeiros, ainda que apenas pelas trocas de carnes, produtos agrícolas, objetos, casamentos etc. –, algumas populações optam pela criação de animais e por modos de vida nômades. Uma parte substancial de sua alimentação se baseará no consumo do leite. Ora, a digestão do leite necessita de uma bagagem genética, tanto para crianças desmamadas quanto para adultos. A digestão da lactose requer enzimas e genes específicos, o que significa que os primeiros povos criadores de animais exerceram, ainda que inconscientemente, uma seleção drástica das crianças pequenas, sobretudo por meio de diarreias. A tolerância ou não ao leite e aos laticínios não fermentados das populações atuais data dessa época, logo antes da História.

Na verdade, você já se perguntou por que, nos filmes americanos ou nórdicos, vemos adultos bebendo copos de leite à noite antes de dormir, coisa que nunca vemos em filmes franceses, italianos ou espanhóis? Reminiscência do passado.

Agriculturas, criadores de animais e migrações: o povoamento da Europa

A Europa conhece três grandes ondas migratórias entre o fim da última era glacial e o início da Antiguidade. A primeira diz respeito à nossa espécie *Homo sapiens*, que a partir de 43 mil anos se impõe nas terras dos neandertais. A segunda vê a chegada dos primeiros povos agricultores do Oriente Próximo, que acabam se impondo aos povos caçadores-coletores. A terceira onda chega das estepes e das planícies da Europa oriental com o cavalo e a criação de animais. Cada uma dessas grandes migrações corresponde a novas economias: a dos caçadores-coletores, com armas de arremesso; a dos agricultores, com a cerâmica; e a dos cavaleiros da era do bronze. Essas mudanças não ocorrem uniformemente e conhecem flutuações segundo as regiões devido à coabitação dessas diferentes economias, acompanhada por substituições, hibridações, aculturações, empréstimos etc. Nossos genomas, assim como nossas instituições, ainda carregam essa herança nos genes ou nos sistemas sociais.

O fim da última glaciação é marcado por um período muito frio, chamado Dryas. As populações de *Homo sapiens* se reduzem e se fragmentam em diversos refúgios, como no sul da França ou no Cáucaso, o que favorece derivas genéticas. Os poucos estudos paleogenéticos disponíveis indicam que nosso genoma atual conserva pouquíssimos genes dessas populações do último período glacial. Raríssimas populações sobreviveram – geneticamente, em todo caso – e se fusionaram a outras. Elas coexistem num período de transição cultural chamado Mesolítico, caracterizado, entre outras coisas, pela talha de ferramentas de pedra de tamanho muito pequeno, os micrólitos, com pontas de flecha de formas muito variadas.

Essas populações mesolíticas têm a pele escura e olhos azuis. Elas se espalham da Espanha à Escandinávia, sem que conheçamos a extensão de sua zona de disseminação para o leste. Ao que parece, segundo o que sabemos hoje, esses caçadores extremamente móveis representaram uma população europeia relativamente homogênea.

A partir do VII milênio, tais populações entram em declínio demográfico diante do avanço dos primeiros povos de agricultores que chegam do Oriente Próximo e se instalam preferencialmente no sul da Europa. Eles resistem melhor às altas latitudes, enquanto a presença de mesolíticos regride nessa região. Na verdade, a economia de caça os beneficia em regiões que pouco interessam aos agricultores, como a montanha, ou sob latitudes mais setentrionais, onde a biomassa animal é mais importante que a vegetal. De modo geral, os povos caçadores-coletores adotam regimes alimentares cada vez mais carnívoros do sul para o norte (no hemisfério norte).

Assim, os mesolíticos recuam diante do avanço dos neolíticos, mas conhecem uma retomada demográfica há cerca de 6 mil anos. Por quais motivos? Dois acontecimentos, um climático e outro geológico, explicam essa inversão. Curiosamente, eles são raramente mencionados pelos arqueólogos. O primeiro é chamado *8.2 kiloyear event*: um acontecimento ocorrido há 8,2 mil anos. O segundo provém de um gigantesco desmoronamento do planalto continental entre a Noruega e a Escócia, que provocou um imenso tsunami, tendo inundado a Doggerland, a ponte terrestre que ligava as Ilhas Britânicas à Holanda e aos países escandinavos.

Durante o primeiro episódio glacial do Dryas, um dos mais frios, gigantescos mantos de gelo ou inlandsis cobriam uma grande parte da América do Norte. O fim dessa glaciação levou a seu derretimento e recuo para o norte, deixando para trás um imenso lago de água doce chamado lago Agassiz, hoje desaparecido, do qual restam apenas os Grandes Lagos. A retração da parede de gelo ao norte acabou limpando o Golfo de São Lourenço e a Baía de Hudson, liberando águas torrenciais no Atlântico Norte. O fato de a água doce ser mais leve que a água do mar acabou desacelerando a circulação superficial da Corrente do Golfo, provocando um brusco resfriamento que durou de dois a quatro séculos. Seguiu-se uma elevação do nível dos oceanos e mares, transformando a Doggerland numa enorme planície úmida e pantanosa propícia a uma rica biodiversidade, muito favorável aos caçadores mesolíticos. O resfriamento de alguns séculos os favoreceu em relação aos agricultores, o que explicaria sua recuperação demográfica e seu retorno a latitudes mais baixas.

Foi nesse momento que um segundo fenômeno, um gigantesco tsunami, fez com que grandes territórios desaparecessem, como a Escócia, onde os arqueólogos descobriram um sítio arqueológico de moradia bruscamente inundado pelas águas.

Esses acontecimentos se dão por volta de 6000 a.C. e, de certo modo, assinalam o declínio dos mesolíticos com uma última expansão para o sul. Condições climáticas mais amenas favorecem a nova expansão dos neolíticos para o norte. As populações mesolíticas diminuem implacavelmente, do sul para o norte. Hoje, sua herança genética quase desapareceu entre as populações do sul da Europa e se revela mais presente nas populações do norte da Europa, como escandinavos e bálticos.

No entanto, o surgimento das agriculturas não marca o fim das migrações das populações sapiens, pelo contrário. Com a conquista e a posse de terras, motivadas pela invenção e pela expansão de novas economias, novos fatores intervêm: a agricultura e a criação de animais. Do ponto de vista marxista, elas levam ao surgimento de novos meios de produção e distribuição, consequentemente a novas dinâmicas demográficas e novos tipos de trocas, mas também de conflitos. Além disso, embora o período geológico chamado Holoceno, que segue a última glaciação e no qual ainda estamos, se caracterize pela estabilidade climática, com exceção do fenômeno mencionado acima, suas variações afetam de maneira mais profunda as novas sociedades de produção. Alguns fenômenos intensos, causados sobretudo por erupções vulcânicas, afetam com severidade essas economias e podem levar a migrações forçadas.

Os dados arqueológicos e antropológicos não nos permitem desenhar com muita exatidão os movimentos migratórios em torno da bacia mediterrânea, entre o fim da última glaciação, por volta de 10000 a.C., e o brusco resfriamento de 6200 a.C. Como vimos, a sucessão do mesolítico para o neolítico antigo ocorre num longo período de tempo. Enquanto uma parte das populações mantém uma economia de caça e coleta, outras se sedentarizam cada vez mais e, com o passar dos milênios, domesticam plantas e animais. Mas é preciso evitar opor os povos caçadores-coletores de costumes nômades aos protoagricultores sedentários. A arqueologia descreve vários tipos de economias mistas, e faz várias descobertas que abalam os esquemas fixos.

Os arqueólogos seguem essa evolução em mosaico desde o fim do último período glacial, até o brusco fenômeno ocorrido há 8,2 mil anos. Alguns acreditam que o mito do dilúvio seria decorrente da abertura do Bósforo e da formação do mar Negro pelo escoamento das águas do Mediterrâneo, numa imensa catarata cujo alarido ecoaria por dezenas de quilômetros. A substituição do lago de água doce pelo mar Negro leva populações a buscarem outras terras, e é provável que as populações já instaladas nessas terras tenham tido que se dispersar também. A etimologia talvez se inspire nesse acontecimento, pois Bósforo significa "a passagem do boi" (embora a domesticação do auroque seja mais recente e comece na Índia).

Seguimos essas migrações pelas planícies da Europa central por meio de uma assinatura arqueológica, pois tais populações levam consigo as chamadas cerâmicas lineares. No entanto, os objetos não circulam no mesmo ritmo que os indivíduos. O mesmo se pode dizer das línguas e dos mitos. Embora seja evidente que as populações migrantes se desloquem com seus genes, objetos, línguas e mitos, as transferências de genes, as difusões de objetos, os empréstimos linguísticos e as difusões de mitos ou crenças (meméticas) não estão submetidos às mesmas dinâmicas de recusa, adoção ou substituição, ainda que, globalmente e na escala de tempo pré-histórico e proto--histórico, os pesquisadores (paleogeneticistas, arqueólogos, paleolinguistas e antropólogos) possam evidenciar fortes correlações. As correlações não são "mecânicas" ou "causais", por mais que resultem de um mesmo fenômeno histórico, com diferentes componentes.

Segundo a escola alemã de proto-história, por exemplo, o principal fator para o aparecimento de uma nova cultura numa região está ligado a invasões e substituições. Para a escola anglo-saxã, as interpretações dominantes privilegiam as invenções locais e sua difusão. A escola francesa, mais teórica, procura considerar a importância relativa desses fatores no surgimento de novas culturas e/ou populações em dada zona geográfica. Não é preciso ser historiador das ciências da pré-história e da proto-história para reconhecer nessas grandes tendências historiográficas influências das ideologias do final do século XIX e da segunda metade do século XX. A Alemanha, situada no coração da *Mittel Europa*, foi profundamente marcada por sua longa história de invasões – o país foi atravessado por vários povos de todos os horizontes e foi alimentado pelo mito dos indo-europeus e dos arianos, para citar apenas dois. O difusionismo dos anglo-saxões condiz com a vontade de um povo insular e navegador de exportar seu modo de vida e seus valores. Para os franceses, trata-se da reivindicação de uma nação moldada pelas heranças grega e romana captadas pelos gauleses (ou francos). Obviamente, essas grandes tendências estão de acordo com uma leitura da história ditada por seus respectivos postulados: todos os povos da Europa ocidental – anglo-saxões, celtas, francos, visigodos, vândalos e outros – migraram antes, durante e depois do grande período romano, e o Império Romano, por meio de sua política, favoreceu ou impôs incessantes movimentações populacionais (deportações, migrações, colonizações, assimilações). Como seria de esperar, essas visões históricas marcam os pesquisadores de todos os campos.

Voltemos ao início do Neolítico na Europa. Como levar em conta as migrações, os empréstimos, as difusões, as substituições, as hibridações e as aculturações para compreender ao máximo essa época? No surgimento da agricultura e da criação de animais, como distinguir entre o surgimento regional por invenção (Neolítico primário), a introdução por migração (Neolítico secundário) ou a combinação desses dois fatores (Neolítico terciário)?

Há várias décadas, os proto-historiadores concordam em considerar a Europa ocidental e central uma ampla região tomada por povos agricultores vindos do Oriente Próximo a partir de 7000 a.C.: a primeira fase da chamada neolitização secundária. A partir disso, porém, como distinguir entre a extensão da economia vinda desses povos fundadores dos processos de difusão, empréstimo, aculturação etc., ou seja, de todas as formas possíveis de neolitização terciária? Essas perguntas eram difíceis de responder antes do espetacular desenvolvimento das técnicas de paleogenética. Com um porém: é preciso evitar ver nessas novas técnicas a possibilidade de resolvermos todas as hipóteses em disputa – a paleogenética também tem seus próprios problemas epistemológicos e não está imune à influência ideológica, como todas as ciências que se interessam pelas origens. Elas procuram evitar o "pecado original" – nesse ponto, os resultados publicados nos últimos anos permitiram esclarecer inúmeras controvérsias.

O conjunto de dados da arqueologia e da genética concordam na identificação de uma migração de proximidade por meio de uma expansão territorial contínua a partir da Turquia, pelas regiões às margens setentrionais do Mediterrâneo e pelos Bálcãs. Os povos mesolíticos recuam inexoravelmente. As ditas populações da cerâmica linear têm a pele clara e os olhos azuis. Elas se estabelecem em Creta, em Chipre, na Sardenha, na Itália, no sul da França, na península Ibérica. A partir dessas franjas meridionais da Europa, elas sobem para latitudes mais altas. Suas economias e suas técnicas precisam se adaptar a condições climáticas menos favoráveis, às flutuações dessas condições e também ao Mesolítico. Mas o movimento de neolitização segue seu avanço para o norte. Os primeiros neolíticos do sul da Europa levarão quase 4 mil anos para se instalar na Escandinávia, por volta de 3000 a.C. Do ponto de vista genético, as populações atuais do sul da Europa conservam uma herança mais pronunciada desses primeiros agricultores, herança que declina ao norte – fala-se em "variação clinal" para descrever as mudanças geográficas da frequência relativa dos genes ou de outros caracteres –, enquanto a quantidade de genes legados pelos mesolíticos, mesmo pequena, aumenta nos países nórdicos.

Nesse ponto, convém deixar muito claro que os estudos genéticos das populações de hoje não podem revelar – que surpresa – os aportes genéticos antigos que desapareceram por completo com o passar do tempo por motivos variados, como baixa fecundidade dos híbridos, seleção ou derivas genéticas negativas. Vimos, no caso dos neandertais, que a frequência relativa de seus genes não parou de decrescer com o passar do tempo, e que populações híbridas, como o fóssil de Oase, na Romênia, se extinguiram sem nos transmitir características. Os bascos, por exemplo, pela língua e genes, são um exemplo de neolitização terciária. O mesmo parece ter ocorrido com os etruscos.

Os imigrantes da era do bronze

O terceiro grande aporte ao genoma das populações europeias atuais veio das regiões do leste, entre o Cáucaso, o mar Negro e os montes Pônticos. Esses povos, da cultura yamna ou kurgan, são assim chamados devido ao nome de suas sepulturas e covas. Eles são criadores de animais que domesticam o cavalo – são muito móveis, portanto –, e dominam a metalurgia do bronze.

Eles chegam às planícies do leste e, num primeiro momento, entram em concorrência com os agricultores mais densamente instalados ao sul. Suas respectivas economias os colocam em situações complementares, uns cultivando a terra, os outros praticando a criação extensiva de animais nos locais onde a terra é menos propícia à agricultura. Os povos yamna levam consigo a mutação genética que permite digerir a lactase na idade adulta. A variação clinal atual da frequência desse gene na Europa reflete essa migração e as adaptações que se seguiram, pois os povos do norte consomem mais leite na idade adulta, enquanto essa prática declina muito nos países do sul. Em suma, bebedores de leite no norte, comedores de queijo no sul (a fabricação de queijo permite conservar o leite, e a fermentação favorece sua digestão em pessoas desprovidas dessa mutação). As mulheres e os homens dos povos yamna têm a pele e os olhos claros, e são de estatura grande.

Os estudos da paleogenética também revelam um fato epidêmico surpreendente. É possível que esses povos vindos do leste também tenham sido levados a se deslocar devido a um caso de peste negra. No início de sua migração, por volta de 4000 a.C., os vestígios genéticos descrevem um vírus da peste pouco contagioso. A situação muda de maneira brutal dois milênios mais tarde. Será possível que eles tenham sido portadores desse vírus, que se difunde graças às pulgas dos ratos e que pode ter se tornado virulento devido a uma mutação? Os ratos e suas pulgas teriam encontrado um nicho ecológico favorável nos agricultores e em suas reservas de grãos. Tudo isso ainda precisa ser provado, embora a difusão de epidemias por povos muito móveis faça sentido. Se essa hipótese se confirmar, será a primeira ocorrência da peste negra na Europa, fadada a um futuro sinistro difusor de morte por mais de 5 mil anos.

O avanço dos conhecimentos sobre um período ainda muito ignorado pelos manuais de história, entre 10000 e 3000 a.C., começa portanto a delinear uma trama coerente de migrações na Europa. As populações de *Homo sapiens* que sobreviveram ao último pico glaciar se encontram e produzem os povos caçadores-coletores do Mesolítico. Depois, pelo leste e pelo sul, chegam os povos agricultores, seguidos, alguns milênios depois, por povos criadores de animais. Esses três grandes tipos de populações, de economias diferentes, convivem de maneira mais ou menos pacífica. Embora suas economias sejam complementares – com trocas entre produtos da caça e produtos agrícolas ou de criação –, os conflitos se tornam cada vez mais frequentes. Os acúmulos de riquezas, como os estoques dos agricultores ou os rebanhos dos criadores, suscitam a cobiça dos outros.

Os primeiros perdedores dessa evolução são os caçadores-coletores. Embora num primeiro momento eles se mantenham melhor diante da expansão dos agricultores nas altas latitudes, a chegada dos criadores de animais representa uma concorrência que sanciona seu declínio definitivo.

Esse grande esboço do povoamento da Europa proto-histórica se baseia nos dados mais recentes da genética das populações e da paleogenética de algumas dezenas de indivíduos desses períodos. As duas grandes migrações – agricultores e criadores de animais – se somam à chegada dos povos do Cáucaso. Mas é preciso manter em mente que são grandes tendências que refletem apenas uma parte da complexidade desse povoamento, como mostrado pela arqueologia. Algumas populações eram mais refratárias a trocas e outras eram mais abertas e mais colaborativas; havia trocas e difusões de genes, artefatos e crenças.

Saímos do Neolítico?

Esse esboço da invenção do Neolítico no Oriente Próximo e na Europa descreve uma pluralidade complexa, com inovações regionais, convívio entre diferentes tipos de economia de subsistência, migrações, aculturações, novas organizações sociais, novas crenças e novas representações do mundo.

Mais amplamente, houve vários focos independentes das invenções das agriculturas na faixa temperada quente do hemisfério norte: Oriente Próximo, África Ocidental, vale do Indo, sul da China, Nova Guiné, Mesoamérica... Como explicar esses paralelismos? Não encontramos nenhum vestígio de tentativas de invenção de horticultura, agricultura ou criação de animais nos períodos interglaciares precedentes. Então por que depois do último período glacial, particularmente intenso?

As condições climáticas muito favoráveis do início do Holoceno, sua relativa estabilidade e a biodiversidade vegetal e animal constituem condições necessárias, mas não suficientes. Também necessária é expressão de novas representações do mundo, especialmente nas relações entre os humanos e a natureza, mas com conteúdos e expressões simbólicas muito diferentes. É o que certos historiadores chamam de pensamento axial.

A grande transição

O conceito foi proposto pelo filósofo Karl Jaspers no século passado para descrever os surgimentos simultâneos e independentes de novos sistemas de pensamento filosóficos e religiosos nas civilizações greco-romana, persa, indiana e chinesa, com a escrita e as escrituras, o que também chamamos de nascimento da razão gráfica. Eles acompanham o surgimento de grandes impérios organizados em três castas: camponeses/artesãos, guerreiros/nobres e sacerdotes, entre o século VII e o século III a.C. (Mudamos de escala temporal com o Paleolítico, que é contado em milhões de anos, e com o Neolítico, que é contado em milhares de anos. A história é contada em séculos.) Mas essa é uma história recente que ignora as civilizações ameríndias e outras civilizações asiáticas, e a transição neolítica.

O conceito de pensamento axial também se aplica aos milênios que precedem as grandes civilizações do Crescente Fértil, do Egito à Mesopotâmia. A chamada civilização dos megálitos descreve em quase todo o mundo novas práticas religiosas associadas ao erguimento de grandes pedras, mas também a grandes emparelhamentos de pedras, como em Göbekli Tepe ou Stonehenge. É o início da verticalização do mundo. Por enquanto, nenhuma teoria simples consegue explicar essas evoluções ao mesmo tempo similares e independentes; as representações do mundo sem dúvida eram muito diferentes entre os povos de Göbekli Tepe e Stonehenge, bem como sua sociedade e economia. Somos confrontados a perguntas que estão no centro das teorias da evolução quanto tentamos compreender a evolução das espécies como origens comuns, divergências, hibridações, pressões filogenéticas, expansões, difusões etc. – perguntas que se aplicam aos processos de coevolução das sociedades humanas. Elas de fato decorrem de uma herança dual dos genes e das representações de mundo, da biologia e da cultura. Ainda que os genes nada ditem às culturas, estas os selecionam. Nunca saímos do universo darwiniano.

Embora seja fácil compreender que nossas sociedades contemporâneas se baseiam nessas heranças religiosas e filosóficas da

Antiguidade em sentido amplo, ainda que modeladas com o passar dos séculos, começamos a descobrir heranças ainda mais antigas, tanto para nossos genes quanto, sobretudo, para nossas concepções de mundo. Mencionamos o povoamento da Europa e os respectivos aportes genéticos dos agricultores do Oriente Próximo e dos criadores de animais das planícies da Europa central. Em relação a esta parte do mundo, os povos agricultores tinham uma organização muito sexista do papel e da condição das mulheres, retomada pelas filosofias e pelas grandes religiões, organização ainda encontrada em nossas sociedades. Os povos criadores, por outro lado, favoreciam relações mais equitativas entre mulheres e homens. Essas tradições são encontradas no decorrer da história nas formas de dominação masculina entre as sociedades do sul da Europa e do norte da Europa. O direito romano é mais machista que o direito germânico. Com raríssimas exceções, os países do sul da Europa contam com muito poucas mulheres que tenham tido os atributos políticos, simbólicos e oficiais do poder (rainhas, imperatrizes), ao passo que elas são numerosas nos países do norte. Não existe nenhuma relação entre os genes ligados à lactase e a equidade entre os sexos, obviamente, mas podemos nos perguntar qual deles, genes ou representações fundamentais do mundo, evoluem mais rápido.

 Existe, por exemplo, uma continuidade entre as representações das Vênus do Paleolítico Superior e as representações da Virgem Maria, passando pelas deusas do Neolítico, como a de Çatalhüyük. O mesmo acontece entre o culto do touro e a vontade de dominar a natureza selvagem que marcam todas as civilizações do Oriente Próximo, de Çatalhüyük às tauromaquias atuais, passando pelos touros sagrados de Mênfis, pelo Minotauro, pelo périplo de Io, pelos tauróbolos dos gregos e pelo culto de Mitra disseminado pelas legiões romanas. Bósforo significa "a passagem do boi" do Oriente Próximo para a Europa, não sem passar pelos montes Tauro. Nossas bagagens ontológicas são mais perenes que as bagagens genéticas.

O pensamento axial não pode ser explicado apenas por razões materialistas – ecologia e economia – ou culturais. No entanto, e da maneira mais empírica possível, constatamos paralelismos que refutam toda possibilidade de coincidência. O difusionismo e a memética tampouco podem explicar essas semelhanças. A teoria memética afirma que nossos sistemas de pensamento contêm elementos que se difundem como genes – os memes, que seriam para as representações do mundo o que os genes são para nossa biologia, e portanto estariam no centro dos processos coevolutivos, ainda que os genes e os memes não tenham nenhuma relação funcional. As ciências cognitivas deveriam, a esse respeito, contribuir para uma melhor compreensão dos fatos. Até lá, os trabalhos de Philippe Descola e de sua escola mostram como os elementos fundamentais de nossas representações do mundo, nossas ontologias fundamentais, perduram ao se transformar e diversificar em todos os nossos sistemas de pensamento, religiosos, filosóficos e mesmo científicos e tecnológicos, como veremos no contexto atual da revolução digital.

Na verdade, para que servem os genes e os memes? Para nos adaptarmos a novos contextos. Eles vêm da herança dual de nossos ancestrais, e é com eles que abordamos novos contextos ambientais e culturais. No que diz respeito a nossas ontologias fundamentais, elas encontram novas expressões no âmbito da revolução digital atual. Pois entramos numa época fascinante, de inúmeras possibilidades, com nossos tamancos neolíticos.

Embora toda a história da humanidade sapiens tenha sido a dos caçadores-coletores, ela tem no máximo 10 mil anos, ou seja, um quinquagésimo da história evolutiva do sapiens enquanto espécie. Os agricultores e os criadores de animais moldam sua evolução biológica e cultural, enquanto a história só deixa sua marca a partir da era dos metais, mais exatamente do bronze e do ferro, com as primeiras cidades-estados e com os impérios, há apenas 5 mil anos. Quanto à Revolução Industrial, ela se estendeu por dois séculos.

Uma prodigiosa verticalização do mundo decorre desde então, com diferenças econômicas consideráveis na diversidade das populações atuais. Mas eis que, de repente, todas essas sociedades humanas se veem conectadas no espaço digital darwiniano, apesar de suas imensas diferenças econômicas e culturais.

Pela primeira vez em 10 mil anos, todas as sociedades humanas entram na revolução digital com a diversidade de suas heranças biológicas e culturais.

A axialização do mundo

Ao contrário daquilo que muitas concepções elitistas e mutacionistas do sucesso do *Homo sapiens* sugerem, a evolução de nossa espécie, entre o fim da pré-história e o início da história, ou seja, entre 12000 e 4000 a.C., é o resultado de várias transições cognitivas, econômicas, sociais, religiosas e políticas. Se há "revolução", é preciso pensá-la como pontuações da teoria dos equilíbrios pontuados, como uma fase de transições em mosaico ao longo de vários milênios, em que apenas algumas perduram.

Com a chegada da história, porém, as durações entre as grandes transições diminuem. Contadas em milhões de anos no período entre o *Homo erectus* e os homens do Pleistoceno Médio, depois em centenas de milhares de anos entre estes últimos e os sapiens modernos, em dezenas de milênios entre os sapiens modernos e o Neolítico, em milênios entre os primeiros agricultores e os impérios arcaicos, elas são contadas em séculos ao longo da história e, em nossa época e na anterior, em décadas. Não se trata de uma evolução gradual, aditiva e contínua, mas de uma sequência com períodos de relativa estabilidade e períodos de mudanças progressivas entrecortados por "revoluções" ou pontuações.

Nos capítulos anteriores, seguimos as grandes linhas da evolução do gênero *Homo* desde seu surgimento na África, há 2 milhões de anos, até chegar às portas da história e do pensamento axial. Com o surgimento das primeiras cidades e dos impérios arcaicos, tem início uma verticalização do mundo do qual nossas sociedades pós-modernas são as herdeiras e no qual os sistemas de pensamento influenciam os debates sociais, principalmente éticos.

No entanto, hoje vivemos uma revolução antropológica dentro do que chamo de espaço digital darwiniano, onde todas as ontologias retornam em velocidade digital. De fato, depois de 5 ou 6 mil anos de verticalização de uma parte da humanidade, vivemos num planeta onde, agora, todos os indivíduos podem se conectar ao mesmo tempo e onde todas as sociedades participam das múltiplas formas da economia digital. Para compreender essa nova transição da humanidade, é preciso repensar a verticalização do mundo sob o prisma da evolução, e não do evolucionismo cultural e de sua hierarquização ideológica e infundada – que faz, por exemplo, com que os países ocidentais se mostrem incapazes de compreender o desenvolvimento fulgurante da China. Lemos e ouvimos com frequência que a cultura chinesa teria fundamentos ontológicos propícios a seu poderoso avanço tecnológico e econômico em virtude de uma concepção cíclica do cosmos. Desconfio desse tipo de explicação por parte de comentaristas ocidentais, e gostaria de saber a opinião de meus colegas chineses, ainda que não haja dúvida de que suas ontologias atuem na dinâmica dessas mudanças. Isso deveria incitar os ocidentais a olhar para suas próprias ontologias para explicar, principalmente no tocante à Europa, a persistência de concepções errôneas a respeito da evolução e da história.

De fato, os historiadores e a nebulosa de autores que se interessam pelo amplo tema do "progresso da humanidade" através do viés de disciplinas como a economia estão presos aos grandes quadros progressistas do século XIX. Através dos grandes autores gregos e latinos, e dos autores do século XX como Max Weber ou Karl Jaspers, passando por Auguste Comte, Herbert Spencer e tantos outros, toda a história da humanidade ainda é explicada em três eras, o que também vale para minha disciplina. Ora, essa é uma particularidade da cultura ocidental, que só consegue pensar o mundo a partir do modo terciário ou trinitário desde tempos muito antigos. Todos os campos do conhecimento que se interessam pelo passado se articulam sobre antigas antologias fundamentais. De passagem, prestamos homenagem à arqueologia das ontologias, em referência, é claro, à arqueologia do saber de Michel Foucault e, mais amplamente – e ainda que não seja uma escola – às obras do Collège de France.

Desde os trabalhos de Georges Dumézil sabemos que o pensamento ocidental se baseia em concepções tripartidas do mundo e da história. Deixemos de lado a ambiguidade da Trindade, embora ela seja a expressão perfeita dessa articulação do três em um. Com Aristóteles, a humanidade é dividida em selvagens, bárbaros e civilizados. Para explicar a evolução da humanidade, temos pré-história, proto-história e história. Na história, temos Antiguidade, Idade Média e Tempos Modernos. Em economia, caçadores-coletores, agricultores e indústrias. Nas sociedades antigas, camponeses, guerreiros/nobres e sacerdotes. Sabemos que, em estática, os sistemas mais estáveis repousam sobre três pés... E eles são muito estáveis há milênios.

Encontramos a mesma trindade nas ideologias progressistas: Herbert Spencer para a direita e Karl Marx para a esquerda – o primeiro modificou deliberadamente a teoria darwinista da evolução, o segundo a rejeitou. Também devemos mencionar Auguste Comte e o progresso do espírito humano, que passa pelo espírito teológico, metafísico e positivo – o que também encontramos nos estágios do desenvolvimento da criança (Jean Piaget, Freud e outros). O mesmo acontece na análise do mundo por meio da articulação hegeliana: tese, antítese, síntese. Não há saída.

Entre as propostas mais recentes, note-se a de Jeremy Rifkin, que, em *The Empathic Civilization*, sugere a existência de três eras cognitivas: a da fé, a da razão e aquela que está se formando e que deveria nos salvar, a da empatia. Por outro lado, esse ensaísta talentoso milita a favor da terceira revolução industrial – embora estejamos na quarta. As três eras da cognição e as três revoluções industriais não correspondem às mesmas épocas, pois as duas primeiras revoluções industriais se inscrevem na era da razão. Do ponto de vista epistemológico, não estamos no âmbito da demonstração, mas da mostração.

Todos esses quadros convocam inúmeros conhecimentos que, em si mesmos, não demonstram nada, mas que adquirem sentido ao entrar em ressonância com nossas representações fundamentais de mundo. Não há nada de científico nisso, apenas a expressão de uma racionalidade potente no âmago da razão humana, que, desde as primeiras cosmogonias da época do *Homo erectus* até as mais recentes utopias sapiens, busca compreender.

Início da era axial

O desenvolvimento das ciências cognitivas renovou e evidenciou o interesse dos antropólogos e das ciências históricas pela importância das representações de mundo ao longo das grandes transições da evolução humana. Mas esse interesse ignora o que acontece antes do surgimento das cidades e dos impérios arcaicos. Cognitivamente, a era axial marca a passagem do mundo mítico para o mundo teórico, com as mudanças indicadas a seguir:

Mundos míticos	Mundos teóricos	
Narrativo	Analítico	Aceitar o mundo como ele é vs. compreendê-lo
Baseado na autoridade	Baseado em fatos	Tradição oral incontestável vs. Exegese
Causas imediatas	Causas últimas	Responder às contingências vs. superá-las
Espíritos/entidades naturais	Leis	

Implícito/analógico	Explícito/simbólico	Indutivo vs. dedutivo/lógico
Sensível/emocional	Mais racional	
Universo fechado	Universo aberto	
Cosmogonias alegóricas	Relatos analíticos	
Tradições orais	Relatos em suportes materiais	
Mundo estável ou cíclico	Mundo orientado por uma finalidade	

(Modificado e completado cf. N. Baumard, A. Hyafil e P. Boyer, *What Changed During the Axial Age: Cognitive Styles or Reward Systems?*, Communicative & integrative Biology, 2015.)

Essas duas grandes tipologias religiosas coincidem com dois conceitos fundamentais propostos por Max Weber: as religiões que "estão no mundo" e as religiões "orientadas para outros mundos". Um dos critérios do pensamento axial postula que os modos de pensamento filosóficos e religiosos que o caracterizam ainda estão presentes em nossas sociedades. No entanto, é preciso ter consciência de que os outros sistemas de representação e de estar no mundo não desapareceram, tampouco as diferentes ontologias fundamentais entre as sociedades e entre as diversas classes sociais de nossas sociedades. Pois mesmo nos dias de hoje essas duas grandes tipologias filosófico-religiosas interferem em todos os aspectos da vida, da compreensão e da racionalização dos acontecimentos de nossas vidas. Para saber mais, recomendo a leitura do ensaio de Michel Serres, *Écrivains, savants et philosophes font le tour du monde*. Nossos sistemas de pensamento são como nossos organismos: algumas partes, em suas estruturas fundamentais, têm bilhões de anos – como nosso DNA ou nossas células nucleadas –, outras têm centenas de milhões de anos – as diferentes partes de nosso esqueleto –, outras são mais recentes – alguns sistemas genéticos etc. O mesmo se pode dizer das primeiras cosmogonias (e de suas respectivas ontologias) e de nossas concepções pós-modernas de mundo. Está mais do que na hora, portanto, de revisitar a história sob uma perspectiva evolucionista, e não mais como uma aventura humana que teria se extirpado da natureza.

A revolução axial afeta todos os comportamentos e seus significados ontológicos, éticos, morais, sociais, econômicos, políticos e, é claro, religiosos. Resta saber se são as novas concepções de mundo que levam a todas essas mudanças, ou seja, se elas começam cognitivas e depois se tornam sociais e materialistas, se vice-versa ou, ainda, uma combinação sistêmica de todos esses fatores.

Tendência	Ambiente de restrição	Ambiente de abundância
Dinheiro e consumo	Curto prazo	Longo prazo
Sexualidade	Positiva	Negativa ou controlada
Comida	Positiva	Negativa/controlada
Círculo moral	Limitado/etnocêntrico	Amplo/universal
Direito/dever	Limitado/etnocêntrico	Extenso/universal
Justiça/perdão	Vingança/pessoal	Delegada/institucional
Objetivo da vida	Prosperidade	Salvação
Virtudes	Poder, sucesso	Temperança/compaixão
Relação com os agentes sobrenaturais	Submetidos aos caprichos dos espíritos/divindades	Moral e valores supremos
Exigência das divindades	Sacrifícios e respeito	Atitude ética e fidelidade
Vontade das divindades	Neutra/ambígua	Favorece a salvação
Justiça sobrenatural	Nenhuma	Existente

A AXIALIZAÇÃO DO MUNDO

A identificação de uma era axial entre o fim da proto-história e o surgimento das grandes civilizações nas grandes regiões da Eurásia é o resultado de uma análise comparada. Todo estudo histórico deveria começar por uma abordagem comparativa, como a sistemática no campo das teorias da evolução. De fato, tanto na "evolução do Homem" quanto na história, até a segunda metade do século XX, tudo sempre parte das causas finais, sem nunca haver preocupação com outras espécies, nem mesmo as mais próximas, e tampouco com outras culturas e civilizações.

O termo "axial" deve ser compreendido em seu duplo sentido. Primeiro, como um pivô, uma analogia mecanicista surpreendente no âmbito das ciências humanas e históricas, que seguem negligenciando as condições materiais e econômicas das evoluções societais; mas também no sentido filosófico, pois a *axiologia* se define como o estudo dos valores. Entre Karl Marx e Max Weber, a antropologia evolucionista se esforça em descrever as complexas interações entre o que é materialista, ideal, ideológico e religioso.

Em sua primeira identificação por Jaspers, em 1949, a era axial correspondia ao surgimento do hinduísmo, do budismo, do taoismo, do judaísmo, do cristianismo e do islamismo. Era também a era dos profetas, no sentido estrito e amplo do termo, como Sócrates, Pitágoras, Buda, Lao Tsé, Confúcio, Mahavira... De maneira independente, as grandes civilizações eurasiáticas se transformaram numa dupla revolução filosófico-religiosa, mas também econômica e política. Jaspers situou esses surgimentos ao longo do primeiro milênio a.C., mais exatamente entre 800 e 300 a.C. O cristianismo e o islamismo não participaram desse quadro cronológico estrito, mas os fundamentos das grandes transformações teriam raízes nesse período. Dito isso, a proposta de Jaspers suscitou e continua a suscitar grandes controvérsias no mundo acadêmico. Não se trata de pisar em campo minado, mas de apresentar uma perspectiva mais evolucionista a teses que não levam em conta o que aconteceu antes do desenvolvimento dos grandes impérios da Antiguidade.

Numa perspectiva mais evolucionista, para cada transição da evolução humana, como a era axial, descrevem-se novas sínteses criativas com novos meios de difusão e de preservação das informações e dos conhecimentos, novas técnicas, novas matérias-primas e novos materiais, meios de produção e de distribuição, novos habitats, novos meios de transporte, novas sociedades e novos governos, novas concepções da natureza, novas filosofias, crenças ou maneiras de interrogar o mundo e novas representações do mundo expressos pelas modas e pelas artes.

A mania revolucionária das sociedades e a mania mutacionista da biologia decorrem do pensamento mágico. Mais ainda, tendemos a conceber essa evolução dentro da lógica das causas finais, que tem por correlato a ideia de que as sociedades pensadas dentro dessa lógica se libertaram da evolução ou da história. O evolucionismo biológico e o evolucionismo cultural postulam uma ideologia hierárquica da exclusão que afirma que as espécies humanas que não sobreviveram – como os últimos homens ou os australopitecos – foram excluídas dessa lógica, bem como as sociedades presas a economias de caçadores-coletores ou outras, puramente agrícolas, em relação à civilização industrial.

Essa concepção hierárquica e progressista da evolução e da história, que data da época da dominação da cultura ocidental sobre a natureza e sobre os outros povos, é um entrave quando se quer compreender a importância das mudanças climáticas e das degradações dos ecossistemas para o futuro da humanidade. E também nossa incapacidade de compreender não o retorno, mas o surgimento dos outros povos e civilizações, sempre ignorados – e mesmo desprezados – no âmbito globalizado da revolução digital. A recente controvérsia entre [nossa] história e o que chamamos de história-mundo é a prova disso.

Sob esta perspectiva, a era axial, tal como abordada por Jaspers e por todos os seus comentaristas, se inscreve numa perspectiva histórica e não evolucionista, a exemplo da trilogia de Yuval Harari. Obviamente, tais proposições, para além de seu valor heurístico, despertam um amplo espectro de reações, desde a aceitação mais ou menos crítica até as recusas mais obstinadas (e nem sempre honestas em suas motivações ideológicas). Podemos discutir a cronologia proposta, bastante recente, e também a ausência das civilizações ameríndias, por exemplo. Podemos arguir que essa revolução axial nada tem de um tsunami, pois, ao longo desses poucos séculos, as novas concepções da vida e do cosmos coabitam e mesmo se enfrentam violentamente antes de se impor. Tornando-se dominantes, elas não conseguirão erradicar todas as outras concepções, pelo menos não sem empregar todos os meios, às vezes mesmo os mais terríveis, para eliminá-las.

Retomemos o fio da evolução humana antes e depois da transição axial, empregando seus conceitos.

Esboço evolucionista dos progressos do espírito e das sociedades humanas

Este subtítulo claramente alude ao famoso texto de Condorcet (*Esboço de um quadro histórico dos progressos do espírito humano*, 1795), que surge no grande movimento das ideias de progresso de uma humanidade levada por seu gênio e guiada pela razão. Desde o Iluminismo, muitos avanços foram alcançados. Mas Condorcet estava longe de imaginar o que aconteceria com os "bons selvagens", que se tornaram "primitivos" na época de Darwin e próximos da extinção na época de Lévi-Strauss (os "povos originários" na beira do precipício). E também com as biodiversidades selvagens e domésticas, sem falar nas guerras mundiais, na bomba atômica e nas capacidades de autodestruição dos homens, ou na bomba-relógio demográfica.

Um dos apóstolos mais brilhantes do progresso jamais poderia imaginar as controvérsias atuais sobre o meio ambiente e a humanidade, contra o pano de fundo de intensas correntes de contestação do humanismo, como o pós-humanismo, e o novo arrependimento de grupos que revisitam a história e seus "erros": os primeiros homens nunca deveriam ter deixado as florestas e comido carne; os neolíticos nunca deveriam ter inventado as agriculturas; os atores das Luzes nunca deveriam ter dado início à Revolução Industrial; ou então a geração dos baby-boomers é acusada de todos os males... Uma revolução geracional que prega o ódio a seus antepassados, do *Homo erectus* aos próprios pais. Retomemos as grandes transições da evolução humana sob um olhar axial; como pivô da mudança e de seus valores.

1. O *Homo erectus* e a transformação do mundo: 2 milhões de anos a 500 mil anos

Do ponto de vista biológico, a transformação do mundo começa com o *Homo erectus*, sem dúvida com muitas variantes, dada sua disseminação geográfica e temporal, sem que no entanto possamos especificar as diferenças intra e/ou interespecíficas.

Do ponto de vista filosófico, o *Homo prometheus* (fogo, biface) e o *Homo narrans* (linguagem articulada) adquirem os meios cognitivos para agir sobre o mundo e inventar representações de mundo.

Do ponto de vista técnico, ele diversifica as técnicas de construção de ferramentas de pedra e madeira. Ele constrói abrigos e prepara lugares propícios à proteção, ao descanso e às relações sociais.

Do ponto de vista econômico, trata-se de caçadores-coletores que ampliam seu leque de recursos vegetais e animais, tanto com estratégias de coleta e caça quanto com técnicas de preparação de alimentos fora da boca, como o cozimento. Não sabemos se uma divisão das tarefas entre os sexos e/ou idades surge nesse período, como para a fabricação de ferramentas mais elaboradas. Se a resposta for positiva, ela implica regras de partilha, cooperação e obrigação. Os bifaces e as jazidas de pedras propícias à talha talvez fossem objeto de trocas de bens entre os grupos.

Do ponto de vista ecológico, as populações de *Homo erectus* ocupam todos os nichos ecológicos da região tropical e temperada quente e, com o passar do tempo, as zonas mais frias do hemisfério norte. Não sabemos se algumas populações de *Homo erectus* viveram em florestas densas ou desertos.

Do ponto de vista cognitivo, há o desenvolvimento de modos de comunicação e de representação simbólica, como a linguagem e a criação de ferramentas com formas estéticas. Não sabemos nada a respeito de suas línguas ou crenças.

Do ponto de vista social, trata-se de sociedades de fusão/fissão, sem dúvida organizadas em torno de machos aparentados. É possível que surjam as primeiras regras de parentesco, com trocas regulares de bens e cônjuges entre grupos diferentes.

Do ponto de vista demográfico, é muito difícil estimar o número de mulheres e homens, de algumas centenas de milhares de indivíduos há cerca de 1,5 milhão de anos até, talvez, duas ou três vezes mais 1 milhão de anos depois.

Do ponto de vista coevolutivo, sem dúvida se fortalece uma estratégia de reprodução qualitativa e reprodutível, com as primeiras formas de altricialidade secundária e de apoio aloparental para as mulheres gestantes e/ou lactantes que precisam cuidar de crianças desmamadas bastante cedo. Tais adaptações biológicas e culturais garantem uma nova dinâmica demográfica. Todas essas características se inscrevem na primeira fase coevolutiva do *Homo*, que se emancipa de certas pressões biológicas e ecológicas de seus ancestrais, mas se vê confrontado a novos problemas biológicos e ecológicos. Assim caminham a evolução e a coevolução.

2. A era dos homens robustos: de 500 mil anos a 100 mil anos

Do ponto de vista biológico, várias espécies de homens saem do berço do *Homo erectus*: *Homo sapiens* na África, *Homo neanderthalensis* na Europa e na Ásia Ocidental; *Homo denisovensis* na Ásia Central; *Homo soloensis* em Java, *Homo floresiensis* em Flores, *Homo luzonensis* em Luzon e *Homo naledi* na África Austral. Com exceção das três últimas espécies citadas, esses homens são mais corpulentos, com esqueletos muito robustos e cérebro cujo volume, inicialmente um pouco inferior ao nosso, se torna nitidamente maior.

Do ponto de vista filosófico, *Homo robustus* e *Homo aestheticus*.

Do ponto de vista técnico, as indústrias líticas dão uma pequena amostra da diversidade de suas ferramentas, seja para talhar instrumentos de pedra ou para trabalhar todos os tipos de matéria-prima natural (plantas, peles etc.). Grandes complexos técnicos e culturais estão associados às diferentes espécies, com muitas variações, empréstimos e influências, que correspondem às diferenças étnicas e culturais. Eles constroem cabanas com espaço para fogueiras que atestam o domínio das técnicas do fogo. Os poucos vestígios de moradias conhecidos revelam construções importantes e relativamente perenes, ou pequenos refúgios de caça.

Do ponto de vista econômico, eles são caçadores-coletores com organizações sociais e especializações mais complexas das tarefas, embora não seja possível especificá-las em detalhe.

Do ponto de vista cognitivo, o crescente interesse por corantes e matérias líticas bonitas – as únicas que se conservam – expressa suas preocupações estéticas. Eles confeccionavam roupas e sem dúvida realizavam diferentes formas de modificação dos corpos: tatuagens, escarificações, maquiagens, unguentos, cortes de cabelo... Nada disso deixa vestígios, a não ser os muito indiretos, como sugerido pela evolução dos parasitas. Embora tenhamos a nosso dispor poucos dados, rituais em torno da morte são atestados há no mínimo 500 mil anos. As ontologias evocam, necessariamente, questionamentos sobre o que acontece depois da morte. Já estava na hora de o sapiens afastar a imagem de mulheres e homens sujos, desgrenhados e submetidos aos suplícios da fome e da violência, subjugados pela natureza e por outros humanos.

Do ponto de vista societal, eles continuam sendo caçadores-coletores, com grande densidade demográfica nos grupos e relações frequentes entre os grupos. Os raros dados genéticos disponíveis descrevem grupos formados em torno de homens aparentados, com mulheres de outros grupos – uma característica própria a toda a linhagem humana e confirmada para esse período. As relações se dão entre grupos da mesma espécie e entre grupos de espécies diferentes. A genética revela diversas hibridações entre algumas populações de espécies diferentes – sapiens, neandertal, denisova –, passando uma vaga ideia da qualidade das relações entre eles. Os exemplos de empatia para com os congêneres deficientes, por exemplo, atestam suas qualidades morais (empatia, simpatia, ética), assim como alguns vestígios de violência atestam situações conflitosas, entre populações da mesma espécie ou de espécies diferentes. Aqui também, essas observações contradizem todas as afirmações peremptórias e não documentadas que fazem das mulheres e dos homens pré-históricos brutos desprovidos de humanidade: constatamos que nossa humanidade surgiu há mais de 500 mil anos.

Do ponto de vista ecológico, dois elementos devem ser levados em conta: a expansão de populações humanas muito móveis, em meios cada vez mais diferentes das condições originais do *Homo*, e a intensificação de alternâncias climáticas com um regime de glaciações. Essas condições gerais afetam a morfologia média das diferentes espécies: os neandertais são dotados de uma morfologia mais atarracada que oferece maior resistência ao frio e uma pele clara que facilita a penetração dos raios ultravioletas, enquanto os sapiens têm uma aparência mais longilínea, como as populações das savanas africanas, e uma pele escura, dessa vez para proteger dos raios solares. Não conhecemos a morfologia dos denisovanos. Conhecemos a evolução insular das espécies de Flores e de Luzon, e o *Homo naledi* faz pensar num corredor das savanas arborizadas esquecido num canto da África Austral. Esses são exemplos da plasticidade biológica humana.

Do ponto de vista demográfico, com todas essas espécies e uma densificação das populações, estima-se que a humanidade composta de diferentes espécies contava com alguns milhões de seres humanos. Essa dinâmica demográfica é explicada por vários fatores, como recursos mais regulares e menores riscos externos de mortalidade, sem falar das formas mais consolidadas de solidariedade e cooperação. Resta uma questão, a da altricialidade secundária. Ela seria comparável à das mulheres atuais? Há uma altricialidade secundária entre os neandertais, que no entanto parece menos pronunciada segundo alguns estudos dos dentes e do tamanho da bacia. O mesmo poderia ser dito dos sapiens arcaicos comparados a seus descendentes modernos, ou seja, nós? Ainda não temos respostas claras.

Do ponto de vista cognitivo, apesar da evolução das técnicas de elaboração de ferramentas, fogo, abrigos e moradias, os mecanismos de evolução biológica agem como no caso das outras espécies – o mesmo acontece com a morfologia em função do clima. Mas as adaptações a ecossistemas cada vez mais inclementes, sobretudo durante os períodos glaciares em latitudes médias, não podem ser explicadas sem inovações técnicas, sociais e culturais.

3. *Homo sapiens* e a revolução simbólica: 100 mil anos a 12 mil anos

Do ponto de vista biológico, o homem anatomicamente moderno, também chamado *Homo sapiens sapiens*, surge na África entre 150 mil e 100 mil anos, datas também de sua expansão, primeiro para o Velho Mundo, depois para os Novos Mundos. Ao longo de todas essas peregrinações, ele encontra as populações das outras espécies humanas, que desaparecem entre 32 mil e 12 mil anos, ou seja, no último período glacial, chamado Würm. Depois dele, restará uma única espécie humana na Terra e por toda a Terra.

Do ponto de vista filosófico, *sapiens*, etimologicamente "homem sábio" ou "homem que sabe".

Do ponto de vista das técnicas, a talha da pedra atinge o auge da inovação e da tecnicidade, com cadeias operatórias muito complexas e diferentes maneiras de percutir, pressionar, aquecer. Nota-se a utilização de outras matérias-primas, como ossos e marfim. As "aldeias", com moradias mais estruturadas, se tornam mais numerosas, com zonas de atividades especializadas. As técnicas do fogo e do cozimento se diversificam. Esses humanos também inventam todas as formas de arte e técnicas artísticas: pintura, gravura, escultura, música, arte do adereço e, sem dúvida, diversas formas narrativas, como o canto e a dança. Há uma explosão artística, cujos vestígios nos deixam maravilhados, apesar de muito raros. Os humanos inventam e desenvolvem diferentes meios de navegação.

Do ponto de vista econômico, ainda são economias de caça-coleta, com modos muito eficientes de exploração dos recursos, especialmente aquáticos. Há uma exploração mais profunda de todos esses recursos graças ao uso de armas de arremesso e arpões, redes, armadilhas. Domesticação do cão, talvez da rena. As economias permitem que os homens dediquem uma quantidade considerável de tempo e criatividade à produção de objetos muito elaborados – arte mobiliária, adereços, roupas, túmulos etc. – e conjuntos pictóricos em superfícies e volumes enormes. Surgem os primeiros fornos para o cozimento de estatuetas de argila ou para a extração de ocre. Redes de comércio permitem a circulação de marfim, corantes, pedras, ferramentas, mobiliários e objetos artísticos por milhares de quilômetros. Podemos falar em civilização pré-histórica.

Do ponto de vista cognitivo, sem recorrer à facilidade da mutação genética e/ou cognitiva, percebe-se uma incontestável revolução técnica e cultural. É o que o contexto europeu indica, onde os sapiens substituem os neandertais, acentuando a impressão de revolução. Em outros lugares, porém, como na África, de onde vêm os sapiens, o processo evolutivo biológico e cultural se estende por no mínimo 50 mil anos, se não mais. A irrupção e expansão das populações de sapiens para fora da África, na Eurásia, produz essa impressão de transição brutal. Suas organizações sociais e representações de mundo os levam a explorar novos mundos, imaginários ou reais, e a dominar o planeta sozinhos.

Do ponto de vista societal, sistemas sociais vêm à tona com um maior número de indivíduos e, segundo as sepulturas, com concentração de adereços e bens preciosos, o que pressupõe sistemas políticos mais complexos, capazes de acumulação e redistribuição de riquezas, com "castas" dominantes ou chefaturas.

Do ponto de vista ecológico, as populações *Homo sapiens* se implantam em todos os ecossistemas e chegam a continentes e ilhas nunca ocupados por símios ou outros homens. Primeira globalização. É possível que a súbita eliminação das megafaunas da Austrália, das Américas e dos grandes mamíferos que produziam quantidades consideráveis de gases de efeito estufa tenha provocado um esfriamento climático. Depois de levar as outras espécies humanas à extinção, o *Homo sapiens* começa a modificar mais intensamente os ecossistemas e a afetar a biodiversidade. Nada sábio, esse sapiens...

Do ponto de vista demográfico, havia vários milhões de homens, embora essa estimativa seja de difícil confirmação. Nossa espécie conhece uma expansão demográfica ligada à conquista de novos territórios e a densidades demográficas mais importantes. A altricialidade secundária tal como a conhecemos hoje participa dessa expansão demográfica, bem como as organizações sociais associadas a ela e o melhor domínio dos contratempos da vida.

Do ponto de vista coevolutivo, é difícil indicar um fator entre muitos. No entanto, as evoluções técnicas e culturais do sapiens, que começam na África, contribuíram para a anatomia do homem (anatomicamente) moderno e para a modificação de seus períodos de vida, como a altricialidade secundária. É a primeira vez na história da vida que uma espécie se instala em tamanha diversidade de ambientes e por todo o planeta. Isso não pode ser explicado sem a coevolução, ainda que as espécies humanas tenham grande plasticidade morfológica, fisiológica e cognitiva.

4. A era das agriculturas: 10 mil anos a 3 mil anos
    Do ponto de vista biológico, a partir desse período tudo acontece entre sapiens.

Do ponto de vista filosófico, controle das forças da natureza e antropização das divindades.

Do ponto de vista das técnicas, a talha da pedra se diversifica ainda mais, com micrólitos e pedras polidas, chegando a imitar os machados de bronze das primeiras eras dos metais. Há também a invenção da cerâmica, cujas técnicas evoluem e se diversificam de tal maneira que as fases desse período são chamadas segundo sua fabricação e tipologia. Surgimento de aldeias construídas com materiais duros ou cozidos (telhas, tijolos).

Do ponto de vista econômico, até então havia várias espécies de homens com economias de caça-coleta, cada vez mais diversificadas. Agora existe uma única espécie, que inventa vários sistemas econômicos. A passagem das economias de caça-coleta para economias de subsistência majoritariamente agrícolas se estende por mais de 5 mil anos, com todas as formas de transição em mosaico. Em outras regiões do mundo, povos se tornam criadores de animais e mais nômades. Três tipos fundamentais de economias vão coexistir e operar trocas ou se opor ao longo dos próximos dez milênios.

Do ponto de vista cognitivo, novas representações de mundo, e mais especificamente das relações entre os homens e a natureza, acompanham o surgimento dessas novas economias, que se influenciam mutuamente. Nascimento de novas divindades e de novos cultos, com uma tendência para a humanização das divindades e para o domínio ou controle da natureza. As práticas de culto acontecem cada vez mais frequentemente nas aldeias e dentro das casas.

Do ponto de vista societal, observa-se uma crescente diversidade. As sociedades agrícolas tendem a acentuar a divisão das tarefas entre mulheres e homens, o que parece acontecer menos nas sociedades de criadores de animais, ao menos na Ásia Ocidental e na Europa, não em outros lugares. Essas diferentes economias entram abertamente em conflito por territórios e recursos. As guerras motivadas por motivos econômicos se intensificam, bem como os massacres coletivos.

Do ponto de vista ecológico, as populações humanas começam a modificar o ambiente para produzir colheitas e domesticar animais variados que ocupam territórios cada vez maiores. Resta uma questão não resolvida: como explicar o surgimento independente das agriculturas em diferentes partes da faixa climática temperada quente do hemisfério norte, com exceção de um foco conhecido na África Ocidental? Não poderíamos recorrer ao determinismo ecológico ou cognitivo. As condições ecológicas necessárias – que só podemos definir *a posteriori* – não são suficientes. O que leva a outro tema: o surgimento das mudanças cognitivas, também independentes, que levaram essas sociedades a convergir na direção de economias e organizações sociais similares. Por exemplo: por que os primeiros impérios surgem em lugares onde as populações domesticaram animais, e não em outros centros do Neolítico? Quais são as instâncias cognitivas dessa surpreendente correlação? A antropologia integrativa também pode ser aplicada aos períodos históricos.

Do ponto de vista demográfico, a perenização dos recursos, o armazenamento das colheitas garante uma maior regularidade alimentar, o que favorece o crescimento demográfico, que se afirma tão lenta quanto inexoravelmente com o passar dos milênios. Estima-se que as populações sapiens reúnam cerca de 5 milhões de indivíduos.

Do ponto de vista coevolutivo, as novas escolhas alimentares dos agricultores e dos criadores de animais exercem uma seleção sobre os genes. Os cereais não fazem parte das plantas consumidas pelos caçadores-coletores – ou apenas em porções ínfimas –, não mais que o leite ou o sangue dos animais selvagens. Os pratos tradicionais que encontramos nos diferentes centros de invenção da agricultura combinam associações de plantas – cereais, leguminosas, raízes, tubérculos, frutas – que garantem um aporte essencial de aminoácidos. Essas cozinhas resultam de processos de variação, seleção, desenvolvimento; é a arqueologia darwinista.

Os genomas dos caçadores-coletores sofrem fatores de seleção. Pela primeira vez na história da humanidade, escolhas culturais criam fatores de seleção natural. O mesmo acontece na longa coevolução entre o genoma humano e os agentes patogênicos dos animais domésticos. As novas economias criam, sem querer, novas patologias que, graças às vias comerciais e às concentrações de moradias, vão regularmente dizimar as populações e selecionar partes de seus genomas. Com o passar dos milênios, as populações de agricultores se tornam mais grácies e veem o tamanho de seu cérebro diminuir significativamente. Parte de nossos genomas e de nossos sistemas imunológicos tem origem nesse período ainda muito negligenciado pelos livros de história.

Chegamos ao fim da pré-história, mais exatamente ao fim da proto-história. Entremos na história, sempre com uma abordagem coevolutiva.

Tempos históricos e coevolução

5. A era axial: dos impérios arcaicos à Antiguidade

Na história da Eurásia, impérios arcaicos se formam no Crescente Fértil e na China; em outros lugares, um pouco mais tarde.

Em poucos séculos, assistimos ao surgimento do urbanismo, do poder centralizado, de novas classes sociais, do desenvolvimento de indústrias artesanais e do comércio... Entramos de uma só vez na era clássica das civilizações, um acontecimento considerável, muito mais que a era axial limitada ao I milênio a.C. Destaquemos, de passagem, que do ponto de vista arrogante de nossa modernidade chamamos esses impérios de arcaicos, mas do ponto de vista evolucionista eles representam uma transição considerável, e mesmo uma das mais importantes da história da humanidade.

Todas as sociedades agrícolas e hidráulicas inventam suas próprias escritas. O registro de ideias em suportes materiais data da pré-história. No entanto, o aparecimento de sociedades cada vez hierarquizadas e organizadas em entidades políticas mais complexas pressupõe novas maneiras de comunicação e gestão (sistemas hidráulicos, gestão dos estoques, conhecimentos técnicos, trocas comerciais). Não se quer afirmar que os registros contábeis e administrativos estejam na origem da escrita, pois também surgem novos tipos de histórias (o ciclo de Gilgamesh, por exemplo, e outras grandes cosmogonias no Oriente e alhures). Textos e relatos escritos constituem a base da "razão gráfica", ainda que eles sejam reservados às elites.

Uma das características da era axial reside na capacidade de fixar informações e conhecimentos em suportes materiais. Podemos pensar, assim, nas invenções independentes da escrita, nos principais centros de invenção das agriculturas e das civilizações. Na verdade, porém, o registro em suportes materiais tem uma longuíssima pré--história. Mais uma vez, a história se atribui o marco da invenção da escrita e compreende com enorme dificuldade o que acontece antes dela.

De fato, desde o *Homo erectus* a humanidade inventa diferentes tipos de "razões gráficas", no sentido amplo do termo, que se somam e interferem umas com as outras ao longo da evolução do gênero *Homo*. O *Homo erectus* utilizava a linguagem, cuja expressão encontramos nas cadeias operatórias mobilizadas para talhar ferramentas como os bifaces. Podemos chamá-la de razão "linguística e gestual". Os sapiens arcaicos, como os neandertais, gravavam nas pedras padrões estriados de significado ainda desconhecidos para nós. Por fim, o que dizer da explosão das formas artísticas dos sapiens modernos, dos grandes afrescos da arte rupestre que apresentam associações e estruturas subjacentes, com significados profundos que não conhecemos? As cosméticas também participam dessas "razões gráficas", tanto para os vivos quanto para os mortos.

O surgimento de vilas, cidades, Estados e impérios, sempre de maneira independente, é um ponto importante, histórico no sentido mais fundamental do termo. As sociedades adotam organizações mais verticais, à imagem das colinas e dos monumentos do poder que constroem (pirâmides, zigurates, acrópoles etc.). E as sociedades se articulam em três grandes classes: nobres e guerreiros; clérigos e letrados; camponeses nos campos e artesãos nas cidades, em vários ofícios (olaria, metalurgia, marcenaria, cantaria etc.).

As classes dominantes se atribuem seus próprios meios técnicos de dominação. Os nobres e os guerreiros se sustentam nas técnicas de guerra e na produção de armas, que são ferramentas destinadas ao combate entre humanos. A partir dessa época, uma parte considerável das invenções técnicas é dedicada às armas, o que acontece até hoje. Sacerdotes e clérigos, por sua vez, lustram suas próprias armas por meio do controle dos suportes materiais dos conhecimentos e das ideias, atribuindo-se sua produção, interpretação e difusão. Uma das características da era axial está na capacidade das elites de impor concepções oficiais de mundo, mesmo que elas se choquem a outras representações ou ao bom senso (natural). O dualismo que opõe o homem ao animal, ou a natureza à cultura, por exemplo, é uma construção ontológica poderosa criada por clérigos e que até hoje ocupa as cátedras de filosofia e humanidades em geral, contra a qual lutam antropólogos, etólogos, evolucionistas e cognitivistas. O percurso universitário impõe a passagem pela armadilha do dualismo e valoriza as concepções ideais em relação às abordagens materialistas – e vulgares – das ciências. As elites forjam ideologias de dominação inventando concepções de mundo que justificam seu desprezo pelas condições materiais de produção e impõem a obrigação moral de nutri-las e garantir seus privilégios.

Outra invenção considerável é o comércio. Vimos que trocas de bens existem há centenas de milhares de anos. Há trocas e dons, com tudo o que isso implica em termos de simbologia, reciprocidade, reconhecimento e obrigação. A essência do comércio é a monetarização. Seu valor mercantil e simbólico marca uma ruptura antropológica importante, em que uma transação paga dispensa as duas partes de qualquer outra obrigação que não o respeito ao contrato, oral ou escrito.

As trocas se organizam em escala continental – como no caso da famosa e mítica Rota da Seda. A domesticação do bicho-da-seda, uma das mais antigas, estimulou as trocas comerciais da China à Europa. A domesticação do cavalo possibilita deslocamentos rápidos. Grandes vias comerciais – sobretudo terrestres, com animais de carga (bois, mulas, dromedários, camelos, elefantes), e cada vez mais marítimas – demarcam o mundo. É nesse contexto que a revolução axial emerge, onde as vias comerciais se transformam em vias de difusão de novos sistemas filosóficos e religiosos, com os grandes fundadores citados acima. Um dos meios técnicos mais eficazes para a difusão de memes é o comércio; ideias e bens viajam juntos.

Outros agentes utilizam essas rotas de ideias e bens: os agentes patogênicos. Doenças civilizatórias como a gripe, surgida na China, desde essa época dizimam as populações, como a devastadora epidemia de 1918. A peste também, que em suas mutações originais devemos aos povos criadores de animais. Ratos e roedores em geral, gatos que vivem dentro das casas, agentes patogênicos e doenças associadas a eles são um produto da coevolução, com dramáticos períodos de seleção causados por grandes epidemias.

Mas nossa intenção não é dar um sermão de história alegando fazer uma contribuição antropológica e evolucionista. Queremos partir de outra perspectiva, começando no que havia antes, e não depois. Os impérios arcaicos parecem surpreendentemente novos ao olhar do fim do Neolítico. A transição ocorre de maneira mosaica e diversificada entre a idade do ferro e a afirmação dos grandes impérios chinês, persa, indiano e greco-romano (e sempre esquecemos os impérios ameríndios ou khmers...).

Não fazemos mais que ampliar a análise de Jaspers. Uma contribuição essencial foi colocar a ênfase no surgimento dos sistemas de pensamento, filosóficos e religiosos, partes sempre interessadas de nossas sociedades atuais; uma concepção evolucionista, inscrita numa trama histórica clássica. Voltemos ao aspecto mosaico desse período, que mesmo assim dura quatro milênios. Aqui, o termo mosaico se torna ambíguo e mesmo contraditório quando pensamos no surgimento das religiões decorrentes da revolução mosaica – herdadas de Moisés –, dentre as quais os monoteísmos. A revolução axial leva as civilizações a uma revolução antropológica e cognitiva cada vez mais centrada nos humanos e no desejo por outros mundos, atestados por todas as consequências comportamentais e sociais apresentadas no quadro do início deste capítulo. Mas essa evolução mosaica, de sentido religioso, acontece em mosaico, através da evolução dos panteões dos grandes impérios, a começar pelo dos egípcios, entre tradições politeístas e tentativas de imposição de um deus acima dos outros, como na época de Tutancâmon. As divindades egípcias têm corpos humanos com cabeças de animais, com exceção de Tote, o protetor dos eruditos e dos escribas, representado como um babuíno-sagrado. (Essa é a primeira – e última – incursão de um macaco deificado no pensamento da bacia mediterrânea.) Em outros lugares, outras religiões politeístas também se orientam para a dominação de um deus sobre os outros, como Zoroastro, Ahura Mazda ou o terrível deus Baal. Não sendo humanos, os deuses se humanizam, como os do Olimpo, com duas notáveis exceções, Licaonte – o deus lobo – e Pan, que desafia todos os deuses.

A humanização chega ao fim com os deuses romanos, enquanto os monoteísmos se afirmam. Mesmo assim, os tauróbolos persistem, como vimos, entre gregos e romanos. Uma parte destes veicula o culto a Mitra, disseminado pelas legiões romanas. A cristandade nascente reivindica valores opostos a Mitra, e o peixe acaba triunfando sobre o touro, que se torna o pacato boi que aquece a manjedoura de Belém.

Depois do gesto interrompido de Abraão, os sacrifícios humanos desaparecem. Os sacrifícios animais persistem até os dias de hoje, mesmo nos grandes monoteísmos, das práticas mais concretas às mais simbólicas. Essa evolução nada tinha de evidente no âmbito do Império Romano, que também tinha seus sacrifícios humanos e animais – nas arenas. Podemos dizer o mesmo da caça às bruxas (no século XVII) ou dos autos de fé da Inquisição. Os politeísmos sobrevivem no âmbito dos grandes impérios desde que respeitem o culto imperial, mas os textos sagrados que pregam a conversão dos infiéis ou seu massacre são novas formas de sacrifícios humanos, das guerras de religião de ontem às de hoje; o ponto em comum é agir em nome de Deus ou dos deuses.

Da mesma forma, o passado politeísta não desaparece por milagre nos grandes monoteísmos, que multiplicam os cultos a santos, ícones, djins... Somente parte das religiões reformadas e evangelistas marca uma verdadeira ruptura com essas tradições multimilenárias, e isso muito depois da "revolução axial".

E os outros povos? Eles tampouco ficam presos a crenças ancestrais; estas também evoluem, seguindo os impérios e as transformações axiais. Na evolução ou na história, ainda persiste a absurda concepção de que as outras espécies, como os macacos, pararam de evoluir, ou que os outros povos, culturas e civilizações estariam presos a arcaísmos. Não pode haver nada mais errôneo, salvo nos ideólogos de todos os credos universitários presos a dogmas antropocêntricos e progressistas. Mesmo aquelas e aqueles que, hoje em dia, pensam encontrar nos chamados povos autóctones lições de filosofia de vida se enganam. Nota-se, mesmo assim, uma evolução semântica dos povos ditos primitivos, depois originários, que se tornam tradicionais e/ou nativos. O rousseaunismo ingênuo e o progressismo obtuso representam os dois polos opostos de um déficit assustador de cultura evolucionista e antropológica.

Ampliando a análise para as técnicas, indústrias e organizações sociais, uma parte da história da humanidade, a das civilizações urbanas e dos impérios, pode ser compreendida como variantes herdadas de um longo período axial e mosaico em todas as suas acepções, em todo o mundo – ou melhor, na faixa climática temperada mais ou menos quente. E a cada momento, para cada assunto, a ecologia se torna uma realidade. Seja como for, a abordagem da antropologia evolucionista demonstra que a evolução da linhagem humana nunca se emancipa das condições de suas ecologias naturais ou urbanas, e que, do *Homo erectus* ao *Homo sapiens*, operamos com genes, técnicas e ontologias legados pelas diversas culturas do passado. Como veremos, o mesmo acontece no âmbito da revolução digital mundial em curso.

Conclusão
Uma revolução antropológica

Pertenço à geração que conheceu o progresso como jamais a história da linhagem humana havia conhecido. Depois do Renascimento e do humanismo, depois do Iluminismo do século XVIII, seguido pela Revolução Industrial do século XIX e pelo crescimento da segunda metade do século XX, a humanidade viu sua condição melhorar graças a saberes, ciências, técnicas e avanços sociais. Toda a humanidade?

Prevendo essa condição, o grande biólogo Julian Huxley, que também foi o primeiro secretário-geral da Unesco, cunhou o termo *transumanismo*, em 1957. A ideia por trás do termo é que, graças à educação, à ciência e à cultura, a humanidade realiza as potencialidades ainda não expressas daquilo que nossa evolução nos legou. Huxley admirava Pierre Teilhard de Chardin, que via nesse grande impulso uma comunhão de todas as culturas humanas reunidas em torno de um mesmo espírito, a *noosfera*. Um magnífico projeto que Teilhard chamava de *hominização*, projeto que não se realizou. Essas duas grandes mentes, grandes conhecedoras da evolução, haviam esquecido que esta, justamente, não tem um objetivo e, não importa o que aconteça, nunca para.

E qual não foi a evolução que vimos acontecer nos países ocidentais ou ocidentalizados na segunda metade do século XX! A expectativa de vida aumenta em mais de vinte anos – uma vida a mais; o tamanho corporal ganha mais dez centímetros; o Q.I. aumenta graças à escolarização prolongada até o ensino superior, e o acesso à cultura se abre em todos os campos (efeito Flynn); há melhorias das condições de moradia, trabalho, lazer e esportes, junto a um aumento do poder de compra de bens de produção e consumo ("sempre mais"); as leis sociais também progridem, as mulheres e os jovens adquirem o direito de voto, as mulheres multiplicam liberdades e direitos. Não há nenhuma guerra, epidemia importante ou desastre natural dramático. Hoje, estamos (quase) todos conectados graças à Tela – a falecida aldeia global: Teilhard ressuscitado e promovido a profeta anunciador da Web. Tudo vai bem no melhor dos mundos, à espera de que os outros países nos alcancem...

Acreditamos nisso. Depois da queda do muro de Berlim e da derrocada do império soviético, as sociedades ocidentais e ocidentalizadas se pensam como o ponto de chegada do progresso humano. Seus modelos econômicos, democráticos, culturais e sociais se tornam dominantes. Nem as crises financeiras parecem alterar esse modelo. A humanidade triunfava sobre as leis da natureza e sobre as contingências históricas. O ensaísta Francis Fukuyama podia clamar o fim da história. Talvez, mas não o da evolução.

O conceito de hominização, ao mesmo tempo teleológico, teológico, cosmológico e filosófico – nada menos que isso –, se torna uma lei imanente da evolução. Tudo leva ao advento do Homem – com H maiúsculo – em sua acepção ocidental. Ressurgem os velhos fantasmas das pseudoteorias da evolução humana, que retomam o credo antropocêntrico e finalista, segundo os quais todas as outras espécies, inclusive as outras espécies humanas, como neandertais, australopitecos e grandes símios, são chamadas de caóticas ou algum outro nome pejorativo. Até nos programas escolares.

Na virada do século XXI, os fósseis começam a revelar uma nova realidade da evolução, enquanto outras civilizações constroem seus próprios futuros, sem dúvida empregando ferramentas e meios econômicos do ocidente, mas com outras finalidades. Do âmbito da evolução vem a confirmação de nossas origens africanas e, do futuro, delineia-se o fulgurante desenvolvimento econômico da Ásia Oriental.

Quando África e China acordam para o passado e para o presente

Nos anos 1980, as origens africanas da linhagem humana se consolidam graças às descobertas dos mais antigos hominídeos conhecidos, como Toumai e Orrorin. O mesmo acontece em relação às origens de nossa espécie *Homo sapiens*, graças às novas abordagens da antropologia molecular e linguística, confirmadas por fósseis descobertos recentemente, como os de Djebel Irhoud. Assim, os primeiros representantes da família humana têm suas raízes na África, assim como seus últimos representantes (nós).

Algumas pesquisas se debruçam sobre as relações entre sapiens e neandertais, africanos e europeus, considerados como duas espécies diferentes e sem nenhuma hibridação. Depois, a paleogenética se desenvolve e tem acesso a outras moléculas, como o DNA nuclear. Dez anos depois, o número de espécies humanas duplicou, e percebemos que elas trocaram genes em vários centros de hibridação, como entre denisova, neandertal e sapiens. Um dos centros mais importantes fica para os lados da Sibéria, do Tibete e da Indonésia, enquanto a China está prestes a se tornar a primeira potência econômica mundial.

Nesse novo contexto, tanto de nosso passado quanto de nossa época, o que dizer da evolução em curso? Do ponto de vista econômico, todas as espécies e populações humanas foram caçadoras-coletoras por 2 milhões de anos. Depois tem início a verticalização do mundo por meio das sociedades agrícolas, seguidas por grandes civilizações agrícolas e comerciais, até que algumas nações industriais ocidentais ou ocidentalizadas dominam o mundo. Ainda ontem, os povos e suas sociedades eram classificados em relação a "níveis" tecnológicos. E eis que apenas duas décadas depois, no início do século XXI, a humanidade inteira se vê – todas as culturas juntas – mergulhada na era digital. Para ser mais explícito, os outros países não se contentam mais em consumir os bens e os serviços das nações industrializadas ou em produzi-los a preços menores. Agora, eles inovam e inventam outras formas de desenvolvimento econômico. A China e os outros países da Ásia, é claro, mas também a África, que pula dois séculos de era industrial.

Essa nova era da humanidade tem início em 2007, com três acontecimentos. O primeiro está ligado à chegada dos smartphones, quando o iPhone foi apresentado por Steve Jobs em janeiro daquele ano. Jobs afirmou, na ocasião, que mudaria o mundo (*I'm going to change the world*). Com o porém de que nem mesmo esse profeta da tecnologia sabia como mudar o mundo – o que vale para todos os jovens e futuros gurus do digital (com exceção de Jeff Bezos, da Amazon, e Jack Ma, da Alibaba). O segundo acontecimento é a urbanização da maior parte da humanidade, que é chamada a crescer em megalópoles. O terceiro, por fim, é o surgimento da chamada inteligência artificial "moderna", baseada na exploração de uma matéria-prima que cresce de maneira exponencial, os bancos de dados, com aprendizado de máquina e aprendizado profundo (*machine learning* e *deep learning*). Numa década, a revolução digital capturou o mundo e todas as sociedades humanas em sua rede. A Europa coloca seu foco nos GAFAM da Califórnia, que representam o imaginário mais avançado da cultura ocidental, mas continua ignorando os BATX da China, e mesmo o que acontece no Japão, na Coreia do Sul ou em Singapura.

A combinação desses três acontecimentos e seu desenvolvimento conduzirão a humanidade a um *smart world*, assim como já fazem as chamadas *smart cities*? Não é certo que essa evolução, que acontece na velocidade do digital, seja tão *smart* assim. Voltemos ao caminho de nossas origens e tentemos avaliar como aquilo que constituiu a adaptabilidade do gênero *Homo* por 2 milhões de anos pode ser expresso pelas gerações futuras e nas diferentes partes do mundo.

Procriação e demografia

Preocupamo-nos com uma população humana que chegará aos 10 bilhões de pessoas em 2050; um problema gigantesco. Mas os antropólogos evolucionistas também temem outra coisa: o colapso demográfico do sapiens depois da morte dos idosos de hoje. Porque, desde que nasci, a população mundial, além de triplicar, também envelheceu muito. Nos países do hemisfério norte, o crescimento demográfico se deve mais ao prolongamento da vida do que à natalidade (com uma redução inaudita da mortalidade infantil); louvados sejam a medicina e o progresso social.

Do *Homo erectus* ao *Homo sapiens*, a biologia da reprodução, a altricialidade secundária e as organizações sociais em torno da infância foram fatores determinantes para o sucesso adaptativo das diferentes espécies humanas, como *Homo sapiens* e *Homo neanderthalensis*. O que acontece com essa adaptabilidade no contexto atual?

Faz sessenta anos que a fertilidade masculina decai, com uma perda de 60% no número de espermatozoides e em termos de qualidade. Por quê? Os espermatozoides são muito sensíveis aos fatores ambientais. Essa é uma constatação geral biológica em todas as espécies, dentre as quais os humanos. Como vimos, a paleogenética descreve a degradação dos espermatozoides e a infertilidade dos neandertais e dos híbridos machos durante seu declínio.

Para além das controvérsias a respeito dos fatores responsáveis pela degradação da fertilidade masculina, como os disruptores endócrinos, os ambientes urbanos e seus modos de vida criam todo um conjunto de doenças civilizatórias, como as ligadas à fertilidade. Não é por acaso que nossa época se alvoroça em torno dos modos de reprodução assistida (RMA), doações de gametas e questões de filiação. As técnicas de reprodução assistida se tornarão a regra nas décadas futuras, mas com que doadores?

Embora a fertilidade feminina seja menos sensível aos fatores ambientais, ela sofre com as pressões sociais. Recentemente, uma grande empresa do segmento digital propôs a suas colaboradoras o congelamento de óvulos. A proposta foi motivada pela busca de uma solução técnica para que as mulheres pudessem se dedicar plenamente à carreira sem ser penalizadas pela maternidade e, se possível, para que pudessem adiá-la para depois da menopausa. A velha ideia solucionista para nos libertar das pressões da natureza. O gesto pode parecer uma generosidade, mas constitui uma monstruosidade. Nossa adaptabilidade biológica, cognitiva e social repousa na primeira infância e eis que se pede às mulheres que procriem quando elas forem idosas. As crianças se formarão cognitiva e socialmente com pais idosos e aposentados das atividades econômicas. A aposentadoria será dedicada à reprodução e não mais à transmissão filial entre avó e netos. Decididamente, as questões de filiação nunca estiveram tão vivas quanto em nossas sociedades pós-modernas.

Essa proposta se baseia no princípio de que a expectativa de vida com boa saúde autoriza soluções do tipo, inclusive o prolongamento dos anos de trabalho até a aposentadoria. Mais uma vez, a tolice da concepção quantitativa e não qualitativa. A evolução não é nem aritmética nem extrapolativa. Por que não aproveitar o prolongamento da vida com boa saúde para ajustar os períodos da vida familiar e profissional? Se as mulheres optarem pelo congelamento de óvulos, que seja por sua própria escolha e não por uma obrigação imposta por concepções obsoletas dos períodos de vida – sempre um bom pretexto para entravar as carreiras das mulheres.

Se essas tendências se consolidarem nas décadas futuras, a humanidade correrá o risco de conhecer um ponto de estrangulamento depois do desaparecimento das gerações mais idosas de hoje, por volta de 2050. Um risco de colapso, em todo caso para os países do hemisfério norte. Na Europa, a demografia declina severamente nos países do leste, e também na Alemanha e no sul. A França constitui uma exceção.

Uma revolução antropológica

O Japão é um exemplo perturbador. A população envelhece, a natalidade diminui e a imigração é proibida. O confronto entre tradições culturais antigas e modernidade tecnológica produz uma situação paradoxal. As relações entre mulheres jovens e homens jovens se tornam muito difíceis; homens costumam ter sua primeira relação sexual por volta dos trinta anos – quando a têm. A isso se soma uma grande discriminação no trabalho para as jovens mães, que se sentem culpadas perante seus empregadores – privados ou públicos – por terem filhos. Por outro lado, e por razões antropológicas, os japoneses se voltam para as tecnologias: o uso cada vez mais frequente de robôs e assistentes eletrônicos compensam um pouco a deterioração das interações humanas.

Na China, a política do filho único resultou num favorecimento do nascimento de meninos. Hoje, a proporção homens-mulheres já ultrapassou um patamar crítico. Os jovens rapazes têm muito mais dificuldade de encontrar uma esposa, o que gera um tráfico terrível de raptos, sequestros e casamentos forçados de dezenas de milhares de moças dos países do sudeste asiático. Lá também, o encontro entre tecnologias modernas e arcaísmos antropológicos leva a uma situação dramática, como a possibilidade de escolher o sexo dos embriões e a preferência pelos meninos.

A intenção, aqui, não é fustigar as culturas asiáticas. O caso da China e do Japão são apenas os mais conhecidos e críticos. A maioria das sociedades ocidentais segue o mesmo caminho. Em todo o mundo, a evolução das técnicas médicas em torno da reprodução e as escolhas dos "pais", motivadas pela necessidade, pelo desejo fantasioso por algum tipo de criança ou por diferentes formas de eugenismo positivo ou negativo, abalam os modos de reprodução, da concepção aos primeiros anos de vida; vimos como esses fatores são fundamentais para a adaptação e evolução das populações humanas.

Não queremos defender uma política natalista, que começa com as invenções das agriculturas sob a injunção "crescei e multiplicai-vos" e marca uma ruptura importante entre nossa evolução e a demografia dos povos tradicionais. Sem cair na beatitude rousseauniana dos povos em "equilíbrio" com seus meios, estes mantêm estratégias de relativa estabilidade demográfica, contida por vários fatores epidemiológicos, sociais e ambientais. Outros fatores antropológicos, mal explicitados mas recorrentes, também atuam. Quando sociedades reduzem sua natalidade, quando elas não produzem mais crianças, a tendência inversa nunca mais acontece. Outra regra empírica, de certo modo em declínio: as classes sociais mais favorecidas sempre têm menos filhos e recorrem a formas de adoção. Exemplos de mulheres e de casais nessa situação, veiculados pela mídia, se multiplicam. Há ambiguidade antropológica em torno dessas escolhas, entre a real empatia e o amor por filhos adotivos (que não deixam de se beneficiar de uma qualidade de vida impensável para suas origens desfavorecidas) – ambiguidade que também é a expressão de uma transformação antropológica profunda nas relações de parentesco e filiação. O fato de que cada vez mais pessoas buscam suas origens genéticas ou foram adotadas e concebidas segundo diferentes tipos de reprodução e gravidez assistidos revela uma mudança antropológica considerável e jamais vista em toda a história da humanidade.

Com o *Homo erectus*, as sociedades humanas inventaram uma enorme diversidade de relações de parentesco e filiação, que constituem um dos maiores campos de estudo da antropologia. Há um fato novo, no entanto. Até o momento, toda criança, qualquer que fosse seu modo de procriação, se inscrevia numa relação de parentesco e filiação, portanto sem questionamento de seus ancestrais; hoje vemos as pessoas buscarem outros ancestrais. Nada mais nada menos que uma inversão antropológica. Em nossa época, escolhemos nossos filhos da mesma forma que escolhemos nossos ancestrais.

A evolução das mulheres

Há 2 milhões de anos, a evolução exerce uma terrível pressão de seleção sobre as mulheres e o parto, o que chamamos de fardo da evolução. A altricialidade secundária e o parto acontecem com dor. É preciso compreender que, por variação biológica, as mulheres que, desde o surgimento do gênero *Homo*, têm uma gravidez consideravelmente mais longa, podem morrer na hora do parto. Como vimos, essa é uma das infelizes consequências da coevolução entre, de um lado, a aquisição de uma bipedia eficaz que reduz a largura da passagem na pelve menor e, por outro, o aumento do tamanho do cérebro do recém-nascido. Obviamente, ao inventar o fogo e o cozimento dos alimentos, nem as mulheres nem os homens podiam imaginar o desenvolvimento de um problema tão vital.

A maldição da altricialidade secundária acompanhou toda a evolução da linhagem humana até a medicina e a obstetrícia fazerem progressos tais que, hoje, uma mulher pode dar à luz sem dor e sem riscos. É um magnífico exemplo da maneira como a cultura e as técnicas podem corrigir um fardo evolutivo. Mais do que isso, a pesquisa médica associada à biologia permitiu que as mulheres tivessem o controle de seu corpo e de sua fecundidade, e mesmo que pudessem resolver problemas de fertilidade com métodos de reprodução assistida e de acompanhamento pré-natal. Formidável!

No entanto, os arcaísmos são osso duro de roer. Como se os problemas da altricialidade secundária não bastassem, todas as culturas humanas inventaram um conjunto desconcertante de opressões à mulher. Mulheres e homens trabalham para melhorar as pressões herdadas da natureza, mas a imbecilidade da dominação masculina agrava essa triste herança de nossa evolução. Como no caso do congelamento de óvulos – que traz soluções a problemas reprodutivos, mas esta não é a questão: as organizações de nossas sociedades e as empresas recorrem a essas soluções técnicas para colocar mais pressão sobre as mulheres, em vez de buscar soluções inteligentes. Os feitos da cultura, da medicina e da tecnologia são desencaminhados por arcaísmos culturais. Do ponto de vista evolucionista, isso é algo completamente estúpido: como as organizações sociais podem legitimar regras que vão de encontro à reprodução, na maternidade ou na qualidade da maternidade?

A recente polêmica em torno da reprodução assistida e das barrigas de aluguel assinala o peso dos arcaísmos. O relatório da Academia Nacional de Medicina não é nem um pouco motivado por considerações médicas, mas fala em nome do pai ou dos pais, imagem recorrente na construção da criança: a mãe em casa e o pai no trabalho. Felizmente, chegaram os novos pais – os mesmos que foram construídos com a imagem do pai ausente e sobrecarregado de obrigações profissionais e sociais –, que desejam compartilhar com a mãe a primeira infância, tão sensível à altricialidade secundária. Vimos como esses fatores foram cruciais ao longo de toda a evolução do gênero *Homo*. Eles valem ainda mais nos dias de hoje.

Não é por acaso, portanto, que as economias e sociedades mais avançadas se diferenciem pelo lugar atribuído às mulheres. A dualidade qualitativa e quantitativa da reprodução humana permite uma rápida adaptação demográfica das sociedades humanas. No entanto, depois das invenções das agriculturas, a tendência foi incitar as mulheres a ter mais filhos ainda, favorecendo a quantidade sobre a qualidade, salvo nas classes sociais mais confortáveis, nas quais as duas coisas são possíveis. Ora, os homens, como os grandes símios, pertencem a um grupo de espécies em que as fêmeas parem um único filhote depois de uma longa gestação, com desmame tardio, infância prolongada e adolescência estendida. É no gênero *Homo* que essas tendências são mais marcadas. Todas as espécies que investem na qualidade mantêm uma demografia relativamente estável. Para isso, é preciso emancipar as mulheres de todas as obrigações que muitas sociedades ainda impõem para a multiplicação das gestações. Assim, com exceção das famílias abastadas, a pressão natalista ainda existe em certas sociedades e nos meios mais pobres ou desfavorecidos, onde vemos mulheres em posição de servidão desde a mais tenra idade e privadas de educação. Inversamente, quando as mulheres têm acesso à educação e a profissões e responsabilidades iguais – ou quase – às dos homens, elas têm poucos filhos, que, por sua vez, sobretudo as meninas, seguem o mesmo modo de reprodução e educação. Um número grande demais de sociedades ignora que o sucesso das espécies em relação às estratégias qualitativas depende da transmissão cultural das tradições e dos saberes transmitidos pelo grupo social e, acima de tudo, pelas mulheres. É uma questão de coevolução.

Migrações

Se as populações do hemisfério norte estão envelhecendo e declinando numericamente, por que não nos voltamos para as populações do hemisfério sul, mais jovens? Podemos pensar numa política mundial inteligente de equilíbrio entre os povos do norte e do sul. No entanto, mais uma vez, a lógica aritmética não resiste à antropologia. A não ser que nos engajemos numa política de domesticação humana...

Desde o surgimento da humanidade, com o *Homo erectus*, as mudanças climáticas e ambientais pressionam as sociedades humanas, ainda que elas adquiram poder ecológico. Para o *Homo sapiens*, existe a bomba saariana. As diversas saídas da África das populações de nossa espécie, nas formas antigas ou modernas, estão ligadas a períodos dramáticos de desertificação. A história se repete. Os quatro anos de seca na Síria e a ampliação das zonas áridas em torno do Saara provocam migrações, além das pressões econômicas e políticas.

Mais recentemente, a história mostrou como a seca levou milhões de americanos a deixar suas terras nas planícies dos estados do sul, no início dos anos 1930 – fato que conhecemos através do romance *As vinhas da ira*, de John Steinbeck. Uma conjuntura-catástrofe acompanhada da crise financeira de 1929, da superexploração dos solos pelas lavouras e de uma seca terrível. Uma coevolução dramática que conjugou fatores naturais e humanos.

Mas um dos maiores fluxos migratórios de todos os tempos foi aquele organizado pelas nações europeias através da escravidão e do comércio triangular dos séculos XVII-XIX. Essas mesmas populações europeias migraram em massa para as Américas, para a Austrália, para a Oceania e para outras partes do mundo, além de para implantações colonialistas na Ásia e na África. No entanto, embora crises ambientais obriguem as populações a migrar, o mesmo se pode dizer dos períodos mais amenos, que favoreçam o crescimento econômico e demográfico. Mais uma vez, embora compreendamos que uma mudança brutal no ambiente pode afetar uma civilização, ainda temos dificuldade de compreender que o sucesso de uma civilização pode levá-la ao declínio.

Embora os incensadores do progresso adorem bradar que nunca vivemos tão bem quanto hoje – o que é verdade – e que precisamos continuar assim, eles ignoram a evolução. As espécies, como as civilizações, vivem graças às adaptações do passado, mas sua sobrevivência depende da capacidade de inventar adaptações para um mundo que elas contribuíram a modificar. A máxima darwinista das civilizações consiste em compreender que aquilo que fez nosso sucesso no passado não bastará para o mundo do futuro.

O *Homo* sempre foi um grande símio migrador, impelido por pressões ambientais, econômicas, sociais e políticas, ou simplesmente por um desejo de ir para outros lugares, conhecidos, desconhecidos ou imaginados. Os países mais ricos, da Europa Ocidental e da América do Norte, penam para conter os fluxos migratórios, ainda bastante modestos em número. Um prenúncio, para as décadas vindouras, de um problema dificílimo de controlar.

Não é raro ouvirmos comentaristas afirmarem, referindo-se aos períodos recentes da pré-história, que nada disso tem muita importância, pois os homens pré-históricos sobreviveram a todas as mudanças climáticas dos períodos glaciares ou migraram. Eles esquecem que não estamos mais no Paleolítico, num planeta povoado por poucos milhões de homens e grandes extensões de terras ainda desocupadas. Hoje, somos mil vezes mais numerosos e estamos presentes em todos os cantos do planeta. Qualquer crise ambiental, econômica, sanitária ou política terá um efeito dominó.

No fim da pré-história, como vimos, a expansão dos sapiens modernos saldou-se com o desaparecimento das outras espécies humanas e com a extinção das megafaunas. Hoje, a história acontece apenas entre sapiens: depois da invenção das agriculturas, os conflitos se tornaram cada vez mais violentos, com vítimas numerosas, entre sociedades baseadas em diferentes tipos de economia ou com economias idênticas. Essa tendência funesta chegou ao fim com a Segunda Guerra Mundial e a ameaça de destruição de nossa espécie com uma deflagração nuclear mundial durante a Guerra Fria. Nos dias de hoje, mesmo que um número grande demais de conflitos ainda atinja um número grande demais de seres humanos, nunca tivemos tão poucas vítimas de homicídio, apesar de todos os horrores e medos. Esperança?

Sapiens contra sapiens

O *Homo sapiens*, que nunca foi tão numeroso, circula por seu planeta. Os distúrbios climáticos e as degradações dos ambientes terrestres e oceânicos obrigam cada vez mais as populações a buscar refúgio em outros lugares, e esses outros lugares não estão do outro lado do horizonte, eles fecham o horizonte: as cidades. As megalópoles, imensos espaços urbanos que se estendem na horizontal e na vertical, concentram densidades populacionais contadas em dezenas de milhões. Nelas, humanos vindos de todas as etnias e culturas se encontram; novos centros, não mais de hibridações, mas de mestiçagens genéticas e culturais, abrem caminho para uma nova era da humanidade. Rousseau na cidade?

Ainda não se trata de uma tendência. Enquanto povos cada vez menos numerosos se esforçam para preservar seus modos de vida e valores fora das cidades, não sem adaptá-los às pressões de nosso tempo, assistimos em todos os países a uma degradação das categorias sociais mais próximas dos meios de produção e das pessoas. Os agricultores e os criadores de animais desaparecem dos campos, onde não conseguem mais sobreviver; os pescadores puxam redes com peixes cada vez menores; o número de operários diminui com a robotização e com a automatização, enquanto enfermeiros, médicos, professores, pesquisadores, empreendedores, auxiliares de enfermagem, policiais e bombeiros são cada vez mais desprezados, questionados e até mesmo agredidos, e são os menos remunerados. Eles se tornam os bodes expiatórios do mal viver de nossas sociedades aos olhos dos privilegiados, que vivem nos bairros protegidos das grandes cidades e se ancoram em ideologias rousseaunianas de mundo. Na verdade, todas e todos que *fazem* se tornam culpados. A evolução de Paris e de seus subúrbios, em meio século, é o reflexo perfeito desse fenômeno. As classes privilegiadas do centro se outorgam o poder de dizer às outras como deveria ser a ecologia, enquanto as que *fazem* continuam morando longe porque não conseguem morar no centro, com condições de transporte cada vez mais dantescas – elas também são acusadas de produzir gases de efeito estufa para ir ao trabalho (mal remunerado).

Hoje, nossas sociedades entraram numa fase crítica da bipolarização, observada no mundo todo. Enquanto uma parte crescente da humanidade tem acesso a modos de vida cada vez mais confortáveis, outra parte conhece a desclassificação. Embora os mais desprovidos o sejam muito menos que antes, nossas sociedades se polarizam entre uma massa crescente de homens e mulheres que "fracassam" e homens e mulheres com padrões de vida cada vez mais elevados. Essa tendência está no coração das problemáticas atuais da desigualdade. Do ponto de vista evolutivo, uma população está bem-adaptada a seu meio quando apresenta um perfil centrado numa média bem definida. Quando o ambiente muda, a distribuição das características passa do dromedário ao camelo. Assim, a deterioração em curso das classes médias é a manifestação um abalo profundo, em escala mundial. Isso quer dizer uma coisa bem simples: o modelo econômico e social do fim do século passado não está adaptado às mudanças que provocou.

Essa dissociação social se manifesta numa deterioração dos benefícios adquiridos no fim do século XX. Nossa plasticidade adaptativa permite melhorias rápidas e uma degradação igualmente rápida. Mencionamos as questões de fertilidade. Uma parte da população vê a expectativa de vida diminuir, junto com o Q.I. e a libido. As atividades físicas regridem enormemente com o sedentarismo, a obesidade e o conforto. A isso se somam todas as doenças civilizatórias, como as ligadas à poluição e ao modo de vida citadino. Uma maioria de sapiens parece mal adaptada economicamente, socialmente e sanitariamente à ecologia urbana. O sucesso da linhagem humana se baseou na sexualidade, na mobilidade e na curiosidade, na busca por recursos melhores. Todos esses fatores se decompõem para mais da metade da humanidade; é a *má evolução*.

Navegando as redes em busca das dez ou vinte principais ameaças que pesam sobre o futuro da humanidade em 2019, lemos, por ordem decrescente de preocupação: as consequências dos distúrbios climáticos; as migrações provocadas por ele, as catástrofes naturais; as fraudes aos bancos de dados – ciberataques e inteligência artificial; as catástrofes industriais; o colapso da biodiversidade; a rarefação do acesso à água; as bolhas especulativas financeiras. Há duas décadas, os principais objetos de preocupação eram sobretudo de ordem celeste – meteoritos – ou ligados a placas tectônicas...

As ideologias de progresso e crescimento são incapazes de questionar a crença no destino da humanidade, exceto através de malfadadas causas naturais. No entanto, nas duas últimas décadas, as principais ameaças ao futuro da humanidade se tornaram de origem humana: doença, indústria, economia, urbanização, poluição – segundo dados do *World Economic Forum*. Hoje, um grande debate ocupa o mundo econômico e social, dividindo aqueles que afirmam que é preciso continuar como antes – o sucesso é a prova! – daqueles que defendem uma mudança de paradigma e, portanto, a superação das oposições ideológicas do século XX. Ou seja, é toda a questão da evolução – mal ou bem compreendida – que se coloca. Nela, sapiens é o único responsável por sapiens.

lepmeditores

www.lpm.com.br
o site que conta tudo

Impresso na BMF Gráica e Editora
2023